美国国家地理城市徒步旅游指南

漫步巴黎

美国国家地理城市徒步旅游指南

漫步巴黎

（第二版）

[美] 巴斯·巴夏里
[美] 布莱恩·罗宾森 著
魏靖仪 译

華中科技大學出版社
http://www.hustp.com
中国·武汉

LE
MOURS
CAFE BA

美国国家地理城市徒步旅游指南

漫步巴黎

目　　录

29

前言

我在巴黎的圣日耳曼德佩（St.-Germain-des-Pres）一带闲逛，沿着巴克街（Rue du Bac）走。我会一路走到尽头，然后漫无目标地选一个方向前进。最后，我会来到我告诉过自己要参观的那些博物馆、艺廊等地。虽然巴黎正在兴建许多巨大的现代建筑，但它真正的魅力还是在于那些小巧、亲切、古老的东西。正因如此，我才会情不自禁地四处漫游，尽可能贴近这座城市。我也许会在杜乐丽花园流连，而我若这么做，最后一定会来到橘园美术馆，莫奈迷人的《睡莲》就收藏在这里。而且几乎可以确定，我一定会在某一家咖啡馆里消磨时光。

巴黎也许是全世界最璀璨、最适合拍电影的城市。街道就像电影布景，走在街上的全是迷人的古怪人士、俊美绝伦的时尚男女、教授型的人物，还有可爱到令人难以招架的孩子。尽管这一切在其他城市也看得到，但加上少许特有的巴黎风味——也就是路上大大小小、数以千计的狗——这儿的街景就变得独一无二了。确实有一些地方是我特别喜爱的，有的是传统地标，如卢浮宫（Louvre）、奥赛美术馆（Musée d'Orsay）；但有很多都不是。一些较不为人知的私房景点包括联合国教科文组织世界总部的和平花园，还有位于帕西修道院（Passy Abbey）从前的地窖里的葡萄酒博物馆。虽然我喜欢漫无目标地在一座城市中游走，但你可能希望更有目标地散步。如果如此，这本指南是你必不可少的。

埃菲尔铁塔附近的哈普大道29号由朱尔·拉维荷特设计，1901年完工。

国家地理旅行家杂志社名誉主编

奇斯·贝罗斯

造访巴黎

巴黎是世界各国的首都中最时髦的。高级定制时装和顶级料理、壮观的艺术收藏和建筑奇观、哥特式教堂和浪漫的咖啡馆共同构成了这个魅力十足的混和体，使巴黎成为全世界游客最多的城市——而且当之无愧。

巴黎简介

巴黎被塞纳河分成右岸（Rive Droite）和左岸（Rive Gauche），河中央坐落着两座小岛——西岱岛（Ile de la Cité）和圣路易岛（Ile St.-Louis）。最早的定居者是一个名叫巴黎希的塞尔特民族，他们于公元前3世纪生活在西岱岛上。约500年后，这座城市受到了基督教的洗礼，有了最早的教堂。到了中世纪，人们建造了圣母院大教堂以及后来成为卢浮宫的碉堡。杜乐丽花园（Jardin des Tuileries）和卢森堡公园（Jardin du

巴黎景点每日开放资讯

每天都开放的景点有凯旋门（Arc de Triomphe）、电影博物馆、巴黎古监狱（La Conciergerie）、巴黎荣军院（Les Invalides）、贾克马尔安德烈博物馆（Musée Jacquemart-Andre）、卢森堡博物馆、圣母院、万神殿（Panthéon）、巴黎美术馆（Pinacotheque de Paris）、圣心堂（Sacré-Coeur）、圣礼拜堂（Ste.-Chapelle）、埃菲尔铁塔。

星期一: 除了上述博物馆和蓬皮杜中心（Centre Pompidou）、大皇宫（Grand Palais）、犹太艺术与历史博物馆、克吕尼博物馆和橘园美术馆之外，很多博物馆都休息。卢森堡博物馆开放至晚10点。

星期二: 国家博物馆公休。卡地亚当代艺术基金会（Fondation Cartier）开放至晚10点；卢森堡博物馆开放至晚7点。

星期三: 大皇宫和卢浮宫开放至晚10点。卢森堡博物馆开放至晚7点。

星期四: 现代艺术博物馆开放至晚10点；装饰艺术博物馆开放至晚9点；奥赛美术馆开放至晚9点45分；布朗利码头博物馆（Musée du Quai Branly）开放至晚9点。

星期五: 卢森堡博物馆开放至晚7点；布朗利码头博物馆开放至晚9点。

星期六: 卢森堡博物馆开放至晚7点；布朗利码头博物馆开放至晚9点。

星期日: 卢森堡博物馆开放至晚7点。

巴黎的咖啡馆开到很晚，直到深夜都还有人在喝饮料。

Luxembourg）是 17 世纪为了王族游憩而建造的，而路易十四更是把王宫从卢浮宫迁到了凡尔赛宫（Versailles）。

19 世纪，拿破仑一世建造了雄伟的凯旋门；而到了拿破仑三世的时代，奥斯曼男爵把巴黎错综复杂的中世纪街道改成了宽敞的大道。

游走巴黎

巴黎共有 20 个区（arrondissement，地址后面的“arr.”就是区的缩写），第一区位于中心，其他区则螺旋状依次向外分布。大部分巴黎地图都是按区绘制的，街道索引会标示出每一条街属于第几区。

省钱游巴黎

大部分艺廊都是免费的，有些会在星期四或星期五晚举办私人鉴赏会，甚至可能有免费红酒招待。圣母院会在黄昏举行演奏会，如果想了解所有的免费音乐会，可以买一份《Pariscope》杂志。从 7 月中旬开始的一个月时间，塞纳河两岸会被布置成“沙滩”，有现场演奏和其他娱乐活动。10 月有一个周末的“白夜”（Nuits Blanches，意思是“不眠之夜”），很多地方会通宵举行艺术活动。世界音乐节（The Fêtede la Musique）是一项年度音乐盛会。每年 6 月 21 日，城市的公园、音乐厅、博物馆和教堂都会有免费乐队演出和音乐会。

如何使用本书

本书介绍的行程会带你探索巴黎最有趣的角落。每条路线都是根据地图规划的，耗时刚好一天，开放时间以及各景点较不拥挤的时段都已列入考量。很多路线的终点都在餐厅、戏院或热闹的夜生活场所附近，游览结束后可以接着进行晚间活动。

旋风式行程

旋风式行程适用于只有一天或一个周末可以游巴黎，但又想看到所有精华的人。可以根据自己的时间和兴趣选择路线：一日游、周末游（两天）、娱乐游及亲子游（两天）。

私房情报

如果一日游或周末游，路线图最后会附上一则私房情报，有避开主要景点的方法、其他可以参观的地方、附近咖啡馆和餐厅以及如何根据你的需求来修改行程。

景点描述

如果娱乐游或亲子游，地图最后会附上一张主要景点的列表，提供所有景点的描述以及实用资讯。

分区深度旅游

区域行程共有九种，每种都由一段引言开头，接着是一张路线图，指出行程上的主要景点以及详尽的景点介绍。每个行程后面都有一个“深度”栏目，介绍路线上的某一个主要景点；还有一个“绝对巴黎”栏目，提供该地区某个精华元素的背景资讯；以及一个“首选”栏目，根据主题将景点分门别类。

行程路线图：一份该区的地图，标示出主要景点、地铁站以及主要街道的位置。

说明：简单介绍主要景点，并指示你如何找到行程上的下一个景点。可以根据参考页码在后面找到完整的景点介绍。

路线：所有主要景点都以虚线串连起来。

主要景点的价格范围

€	€1~€5
€€	€6~€10
€€€	€11~€15
€€€€	€16~€20
€€€€€	超过€20

推荐美食的价格范围

（每人，不含饮料）

€	€25以下
€€	€25~€40
€€€	€40~€60
€€€€	€60~€90
€€€€€	超过€90

主要景点介绍：这些版面提供的是每个景点的详细介绍和参观重点，可以循着地图上的顺序前进。此外还有每个景点的地址、网站、电话号码、入场费、休息日以及最近的地铁站。

美食推荐：想知道沿途有什么精选咖啡馆和餐厅，可以参考这份名单。

L'OpenTour

第一章

旋风式行程

巴黎一日游

紧凑的一日行程，尽览巴黎之最。

❺ **杜乐丽花园与香榭丽舍大道**（见29、78、118～119、131页）踏上法国最雄伟的大道之前，杜乐丽花园是个绝佳的休息地点。穿过繁忙的协和广场（Place de la Concorde），前往香榭丽舍大道的最东端。

❻ **凯旋门**（见31、138～139页）拿破仑建造的巨大的凯旋门矗立在12条大路的交汇点，饰有巴黎最棒的雕塑。在凯旋门底下搭乘地铁，坐3站到Trocadero，然后过河。

❼ **埃菲尔铁塔**（见149页）登上这座钢铁巨塔的第二层，俯瞰整座城市的壮观美景，为一天画上句号。

巴黎一日游 / 距离：7.7公里
所需时间：约9小时 / 地铁起始站：Cité

❹ **卢浮宫**（见122～125页）避开《蒙娜丽莎》周围的人潮，直接去看古典时期最伟大的雕塑之一《胜利女神》（德农馆一楼，达鲁楼梯）。接着向西走，行经小凯旋门（Arc de Triomphe du Carrousel），前往正式花园。

❸ **圣日耳曼大道**（Boulevard St.-Germain）（见16～17、26页）模仿毕加索、萨特和西蒙·波伏娃，在左岸气氛忧郁的大道上用餐。推荐以下三家知名咖啡馆：利普咖啡馆（Brasserie Lipp）、花神咖啡馆（Café de Flore）和双叟咖啡馆（Les Deux Magots）。沿着波拿帕特街（Rue Bonaparte）和马拉奎码头（Quai Malaquais）走下去，经过骑兵桥（Pont du Carrousel）来到塞纳河北侧。

❶ **巴黎圣母院**（见48～49页）这座哥特式天主教堂矗立在西岱岛和塞纳河上，既是宗教圣地，也是文化象征。从圣母院前的广场出发，走过小桥（Petit Pont），沿着圣贾克街（Rue St.-Jacques）走到索美哈街（Rue du Sommerard）。

❷ **克吕尼博物馆**（见64～65页）这座中世纪博物馆收藏了世界最棒的中世纪艺术品，罗马浴场也值得一看。从博物馆向西，右转踏上圣米歇尔大道（Boulevard St.-Michel）。

私房情报

世上少有几座城市在这么小的范围内拥有如此众多的世界级博物馆、纪念碑和美丽的花园。因此，如果只有一天时间，巴黎是理想之地。但如果时间有限，你也许会想用这些绝佳的替代方案量身打造自己的行程。

❶巴黎圣母院（见48～49页）如果你觉得从外面欣赏圣母院美妙的哥特式建筑就够了，不妨花点时间游览西岱岛。可以在圣母院北侧的古老街区**古修道院区**（Ancien Cloître Quatier，见46页）逛逛，想象这座岛屿在中世纪鼎盛时期是什么模样。**花卉市场**（Marché aux Fleurs，见45～46页）是一座美丽芬芳、全年无休的花市。若遇上星期日，某些花卉摊贩会改卖笼中小鸟。

在今日的双叟咖啡馆，你更可能碰到的是观光客而不是哲学家。

❷克吕尼博物馆（见64～65页）游览过这座中世纪博物馆之后，如果你喜欢历史的黑暗面，不妨逛逛附近的**警察博物馆**（Musée de la Préfecture de la Police，*地址：4 Rue de la Montagne Ste.-Geneviève, 5th arr.；电话：01 44 41 52 50；周日及国定假日公休*）。这家博物馆展示着巴黎从中世纪到今天的犯罪史和警察史，包括武器展览以及一座法国大革命时期的断头台。

❸圣日耳曼大道　如果不想在圣日耳曼大道上的咖啡馆用餐，如双叟咖啡馆（见158页）或花神咖啡馆（见158页），那么不妨到**布奇街**（Rue de Buci，位于第6区）试试。这条街上有各式各样的蔬果摊、酒馆、咖啡馆和餐厅可供选择。

❹**卢浮宫**（见122～125页）这座宫殿是巴黎的艺术精华，就算你不想面对拥挤的人潮或为了入场大排长龙，也还是值得在外围走一圈，欣赏它高雅的外观。可以在最东面寻找17世纪中叶的建筑师克劳德·贝侯（Claude Perrault）的**柱廊**（Colonnade），那儿的列柱是巴洛克建筑的经典之作。

❺**杜乐丽花园与香榭丽舍大道**（见118～119、131页）　如果在夏天逛杜乐丽花园，记得安排一点时间享受"游乐园庆典"（Fête de Foraine, feteforaine-jardindestuileries.com, 06 63 70 28 22，开放时间为7月至8月）。现场有60多个游乐设施，包括旋转木马和碰碰车，还有一座可以眺望卢浮宫美景的摩天轮。沿着**香榭丽舍大道**一路走去，宽阔的人行道两侧有咖啡馆、餐厅、汽车展示厅和其他商店。如果想避开人潮，可以往北再走一小段路来到宁静的**香榭丽舍花园**（Jardin des Champs-Elysées），那儿有许多雕像、喷泉、花卉和长凳。

❻**凯旋门**（见138～139页）热爱当代艺术的人，可以沿着耶拿大道（Avenue d'Iéna）走到**东京宫**（Palais de Tokyo，第16区13 ave. du Président Wilson，palaisdetokyo.com，01 47 23 51 01，€€，周一公休）。这是一座巨大的装饰艺术建筑，经常举办雕塑和装置艺术展。

选配行程

一日游结束后，不妨体验一下巴黎的夜生活。红磨坊夜总会（Moulin Rouge，171 页）已经因为亨利·图卢兹 - 罗特列克（Henri de Toulouse-Lautrec）这样的艺术家而成为了传奇，在演出了 120 年之后依然独领风骚。可以到 timeout.com/paris 或 gogo.paris.com 查询夜总会、酒吧或戏院的评论和列表。

❼**埃菲尔铁塔**（见149页）可以预购门票（toureiffel.paris）来避免排队。搭乘电梯到铁塔的第二层，欣赏全球最吸引人的美景。可以在铁塔第一层的玻璃地板上漫步，从57米的高度俯瞰这座城市。如果你只想从地面观赏这座铁塔，不妨用省下的时间前往铁塔东边不到一公里处的**哈柏大道**（Avenue Rapp）。29号的门是建筑师朱尔·拉维荷特（Jules Lavirotte）于1901年设计的，属于新艺术风格。

第1天

巴黎周末游

在你游览巴黎的第一天，右岸是重头戏，从雄伟的卢浮宫到艺术气息浓厚的蒙马特（Montmartre）。

❺ **特尔特广场**（Place du Tertre）和**蒙马特的街道**（见164～166页）在特尔特广场让人为你画一幅肖像，或者在这个风雅人士聚集的山顶闲逛。

❶ **卢浮宫**（见122～125页）你不只可以游览这座文艺复兴时期的宫殿，还可以参观它底下的中世纪城堡遗迹。沿着河向东走，从圣母院桥（Pont Notre-Dame）走到对岸。

巴黎周末游 / 距离：6.4公里
所需时间：约9小时 / 地铁起始站：Palais-Roya Musée du Louvree

❹ 圣心堂（Basilique du Sacré-Coeur，见168～169页）站在圣心堂前的露台上，可以看见巴黎最壮观的景致之一。如果有兴致，可以登上教堂泪滴状的圆顶，那里的视野更佳。沿着圣心堂的前庭向西走，前往吉伯主教街（Rue du Cardinal Guibert）和蒙马特迷宫般的街道。

❸ 蓬皮杜中心（见90～91页）蓬皮杜中心的外观五颜六色，高高耸立在右岸的古老别墅上方。沿着朗比托街（Rue Rambuteau）向西走到雷阿勒（Les Halles），搭乘地铁4号线往克里侬古（Clignancourt）方向，在巴贝斯霍须许瓦（Barbès Rochechouart）下车，然后向西走到山脚下，搭乘缆车上山。

❷ 巴黎圣母院（见48～49页）先是荒废了几个世纪，接着又在大革命期间被摧毁，这座巴黎中世纪的天主教堂于公元19世纪全面翻新。循着原来的路从圣母桥回去，再沿着圣马丁街（Rue St.-Martin）往北前进。

第2天

巴黎周末游

周末游第二天的重点是公元19世纪巴黎的种种代表——印象派艺术、凯旋门、埃菲尔铁塔以及咖啡馆文化。

❹ **游船之旅**（见23页）乘船游览塞纳河，在荣军院和阿尔玛桥（Alma Bridge）之间上船，航行时间约1.25小时。下船后沿着河向东走，然后北上罗斯福大道（Avenue Franklin D. Roosevelt）。

❺ **香榭丽舍大道**（见131页）黄昏时沿着这条法国最有名的大道向西走，一路浏览商店橱窗，享受这条林荫大道被灯光照亮的氛围。

❻ **凯旋门**（见138～139页）爬到巨大的凯旋门顶上，眺望巴黎的黄昏景致。搭乘地铁从戴高乐之星（Charles de Gaulle Etoile）前往特罗卡德洛（Trocadéro），穿过花园，走过耶拿桥（Pont d'Iéna）。

❼ **埃菲尔铁塔**（见149页）登上最高层俯瞰城市的壮观夜景，或者在地面欣赏巴黎最高的塔。铁塔开放至晚11点（夏季开放至午夜）。

巴黎周末游第二日 / 距离：8.7公里
所需时间：约9小时 / 地铁起始站：Cluny-la Sorbonne

❸ 奥赛美术馆（见154～155页）很难说哪个比较壮观，是这座修复后的学院派风格火车站，还是里面的19世纪艺术品。从安纳托尔·法兰西码头（Quai Anatole France）往西走，沿着河边来到Pont de l'Alma，过桥到北岸。

❷ 圣日耳曼大道（见16～17、26页）这里曾是存在主义者经常造访之地，如今则以奢华的商店和艺廊闻名。在巴克街（Rue du Bac）右转，然后沿着安纳托尔·法兰西码头以及塞纳河向西走。

❶ 克吕尼博物馆（见64～65页）欣赏世界最精美的公元15世纪织锦画，如陈列在13厅的《仕女与独角兽》。沿着索美哈大道（Boulevard du Sommerard）往西走，然后右转进入圣米歇尔大道（Boulevard St.-Michel）。

私房情报

两天时间就够你游遍巴黎所有的主要景点了，包括许多世界级的艺术圣地和建筑物，外加几个令人难忘的小景点。用这些诀窍来打造你的周末之旅，顺便留意沿途某些不为人知的景点。

第一天

❶**卢浮宫**（见122～125页）如果卢浮宫令你却步，可以改去**橘园美术馆**（Musée de l'Orangerie，119～120页）。那里气氛舒适，展出的艺术品包括莫奈的《睡莲》。

❷**巴黎圣母院**（见48～49页）进入这座著名的中世纪大教堂之前，不妨花点时间欣赏一下教堂前面的19世纪**查理曼大帝骑马像**，他是公元8世纪的法兰克人国王。也可以找找**零点**（Point Zéro），也就是官方的巴黎中心点，所有通往首都的道路在测量时都以这个点为起始点。若想静静沉思，可以前往教堂后面的**让二十三世广场**（Square du Jean XXIII），那儿有很多莱姆树、榆树和樱桃树遮蔽的长凳。

让二十三世广场是个休息的好地方。

❸**蓬皮杜中心**（见90～91页）在搭乘电梯前往**国家现代艺术中心**（Musée National d'Art Moderne）之前，可以在铺着石板的广场周围找一家小饭馆吃午餐。**塔汀夫人餐厅**（Restaurant Dame Tartine, 2 Rue Brisemiche, 4th arr., 01 42 77 32 22）设有室外雅座，供应经典的法国食物，如烤火腿起司三明治（croque-monsieur）、厚片土司（tartine）、沙拉、可丽饼以及甜点。座位俯瞰**斯特拉文斯基喷泉**（Stravinsky Fountain），那儿共有16个喷水的雕塑，灵感源自这位作曲家的作品。广场另一侧的**利亚德纳吉玛餐厅**（Riad Nejma, 141 Rue St.-Martin,

4th arr., riadnejma.com, 01 42 78 35 00, riadnejma.com）则供应摩洛哥料理。

❺特尔特广场及蒙马特街道（见164～166页）如果你是个达利迷，可以去参观**蒙马特的达利空间**（**Espace Dali Montmartre**, 11 Rue Poulbot, 18th arr., daliparis.com, 01 42 64 40 10，€€，daliparis.com），共有330件这位超现实派画家的作品永久收藏于此。馆内的灯光极富戏剧效果，艺廊内还播放着达利的声音。

第二天

❷圣日耳曼大道　尽管圣日耳曼大道以存在主义而闻名，但若想物质一点，可以造访**钱币博物馆**（**Musée de la Monnaie**, 11 quai de Conti, 6th arr., 01 40 46 56 66，周一休馆，€€），也就是从前的国家铸币厂。你可以在这里认识从公元前300年（最早的货币出现在高卢时期）到现在的法国钱币。

❸奥赛美术馆　（见154～155页）逛完这家公元19世纪艺术的博物馆之后，可以前往隔壁的**国家荣誉军团博物馆**（**Musée National de la Légion d'Honneur**, 2 Rue de la Légion d'Honneur, 7th arr., legiondhonneur.fr, 01 40 62 84 25，周一、周二、1/1、5/1、8/15、11/1、12/25休馆，Jegiondhonneur.fr），这里展示着法国最高等级的荣誉勋章。

选配行程

你也许会想花一个早上或下午逛凡尔赛宫（Palace of Versailles，见127页）。路易十四这座巨大的花园城堡，距离巴黎市中心约40分钟车程。从圣米歇尔-圣母院（St.-Michel-Notre Dame）、战神广场-埃菲尔铁塔（Champ de Mars-Tour Eiffel）或者中间的任何一个RER车站上车，搭乘C线列车到凡尔赛-左岸（Versailles-Rive Gauche）。从车站走一小段路就可以到皇宫。

❹苍蝇船　（Bateau Mouche Cruise, bateaux-mouches.fr, 01 42 25 96 10，€€€，bateaux-mouches.fr）在河上欣赏过市景之后，可以去看看**自由之火**（**Flamme de la Liberté**，位于阿尔玛桥北端），这座3.4米高的雕像复制了巴黎自由女神像手上的火把。这座纪念碑由《先驱论坛报》于1989年捐赠，矗立在英国王妃戴安娜1997年殒命的那条隧道上方。火把雕像成了非正式的戴妃纪念碑，但巴黎有关部门已经不再允许人们在那里留下礼物。

巴黎娱乐游

从充满感官之美的雕塑到顶级的购物与美食享受，
没有什么比在这座灯光之城悠游一日更好玩的了。

❶**罗丹美术馆**（Musée Rodin，见26、152～153页） 罗丹最知名的雕塑都收藏在这座18世纪的城堡和花园里。沿着瓦汉纳街（Rue de Varenne）往圣叙尔比斯（St.-Sulpice）前进。

❷**圣日耳曼购物行**（见26页） 不论喜欢古典风还是嘻哈风，你都可以在圣日耳曼德佩（St.-Germain-des-Prés）和圣叙尔比斯（St.-Sulpice）一带的街上找到琳琅满目的服饰和配件。沿着圣日耳曼大道往东走。

巴黎娱乐游 / 距离：5.3公里
所需时间：约8.5小时 / 地铁起始站：Varenne

❼**潘尼斯咖啡馆**（Café Panis，见27页） 享受美妙的塞纳河景致，观赏行人，消磨悠闲的午后时光。

❻ **莎士比亚书店**（Shakespeare and Company，见27、67页） 这家古老的书店里全是英文图书，新书和二手书都有。返回蒙特贝罗码头（Quai Montebello）后向东走。

❺**洛泽尔餐厅**（Maison de la Lozère，见27页） 在这家特色餐厅享用法国乡村风味的菜肴。沿着圣米歇尔码头（Quai St.-Michel）和蒙特贝罗码头（Quai Montebello）向东走。

❸**柜台餐厅**（Le Comptoir，见26页）在这家简单高雅的小酒馆吃午餐，天气好的时候还可以坐在露台上。沿着圣日耳曼大道往西走，然后在圣佩荷街（Rue des Sts.-Pères）向北。

❹**左岸古董鉴赏**（见27页） 游览塞纳街（Rue de Seine）、波拿巴街（Rue Bonaparte）和雅各布街（Rue Jacob），这儿可谓古董收藏者的天堂。沿着马拉奎码头（Quai Malaquais）、康提码头（Quai de Conti）和大奥古斯丁码头（Quai des Grands Augustins）往东走。

罗丹美术馆的花园是展开一天行程的好地点。

罗丹美术馆

❶ 这座雄伟的美术馆位于公元 18 世纪的拜伦公馆（Hôtel Biron）内，展示着许多罗丹的雕塑作品，是巴黎一宝。花园赏心悦目，种满了玫瑰、牡丹、黄杨木和绣球花，还有很多罗丹的名作，包括《**思考者**》。户外咖啡店是喝咖啡的好地方。

79 Rue de Varenne, 7th arr. · musee-rodin.fr · 01 44 18 61 10 · €€，只参观花园：€ · 每周一、1/1、5/1、12/25 公休 · 地铁站：Varenne 或 Invalides · musee-rodin.fr

圣日耳曼购物行

❷ 伊夫·圣罗兰（Yves St. Laurent）去世之后，在斯特凡诺·皮拉蒂（Stefano Pilati）和艾迪·斯理曼（HediSlimane）的相继努力之下，YSL（6 place St.-Sulpice, 6th arr.）保持了时尚前卫的奢侈品牌形象。可以在 **agnès b.**（6 & 10-12 Rue du Vieux Colombier, 6th arr.）为全家人选购简单、时髦又负担得起的服饰。若想找法国设计师的单品，包括手提袋、太阳眼镜、服饰和艺术品，就到 **Arty Dandy**（1 Rue de Furstemberg, 6th arr.）。**Victoire**（1 Rue Madame, 6th arr.）贩售时髦的自有品牌和其他原创服饰，也可以到 **Petite Mendigote**（23 Rue du Dragon, 6th arr.）购买流行的法国手提袋或丝巾。

St.-Germain, 6th & 7th arr. · 周日休息 · 地铁站：Sèvres-Babylone、St.-Sulpice 或 St.-Germain des-Prés

柜台餐厅

❸ 这个餐厅由大厨伊夫·康德波德掌管，周一至周五晚上停业，周一至周末，这里就是一家气氛怡人、食物精美的小酒馆（午餐菜单供应至工作日每晚 6 点）。想来一道简单高雅的蔬菜沙拉，配点鹅肝酱，再来一杯玫瑰红酒吗？来这里就对了。露台座位全年开放，冬日提供毛毯。

9 carrefour de l'Odéon, 6th arr. · 01 44 27 07 97 · €€ · 地铁站：Odéon

左岸古董鉴赏

④ 左岸广场（Carré Rive Gauche）是散步和购买古董的绝佳去处。这里有一百多家古董和艺术品经销商，商品品种齐全，从美丽的原始艺术藏品到精致的路易十四时期家具应有尽有。

carrerivegauche.com · 地铁站：Rue du Bac 或 St-Germain des-Prés

洛泽尔餐厅

⑤ 不必离开巴黎，就可以到法国东南部的洛泽尔区走一趟——那儿是洛克福起司的生产地，到处都有漫游的牛群。享用一份洛克福沙拉（salade du Roquefort）、一份营养丰富的咖啡色面包、一份洛泽尔牛排(entrecote de Lozère)，佐以当地红酒。每逢周四，菜单上都会有一项名叫阿里格（aligot）的人间美味，那是洛泽尔区的名菜——奶油马铃薯配康塔尔起司，在巴黎其他地方很难找到。

1 bis & 4 Rue Hautefeuill, 6th arr. · lozere-a-paris.com · 01 43 54 26 64 · €€ · 周 日 休 息 · 必须订位 · 地铁站：St.-Michel

莎士比亚书店

⑥ 这是世界上最迷人、最具波西米亚风格的英文书店之一，曾有数不清的作家在这里的层层书架之间流连。如果买了书，出去前记得请店员帮你盖上他们著名的“莎士比亚书店巴黎零公里”钢印，可作为绝佳的纪念品。

37 ru de la Bûcherie, 5th arr. · shakespeareandcompany.com · 01 43 25 40 93 · 地铁站：St.-Michel

潘尼斯咖啡馆

⑦ 在这里停下来喝杯小酒或咖啡，享受晴天的露台，欣赏塞纳河和圣母院的绝佳景致。你可以在这里看溜直排轮滑的人表演花式技巧，看着人们来来去去，看月亮在巴黎上空升起。

21 quai Montebello, 5th arr. · 01 43 54 19 71 · 地铁站：St.-Michel

第1天

巴黎周末亲子游

全家在巴黎的第一天，行程上就排满了著名景点，包括世界最棒的艺术博物馆和埃菲尔铁塔。

❹ **香榭丽舍大道**（见30、131页）感受巴黎最有名大道上的忙碌商家，参观大皇宫（Grand Palais）的科学博物馆。继续西行到巨大的凯旋门。

❺ **凯旋门**（见31页、138～139页）纪念拿破仑胜利的凯旋门矗立在巴黎最繁忙的交通圆环“星星”（Etoile）上方。向东南方向，穿过特罗卡德罗花园（Jardins du Trocadéro）并过河。

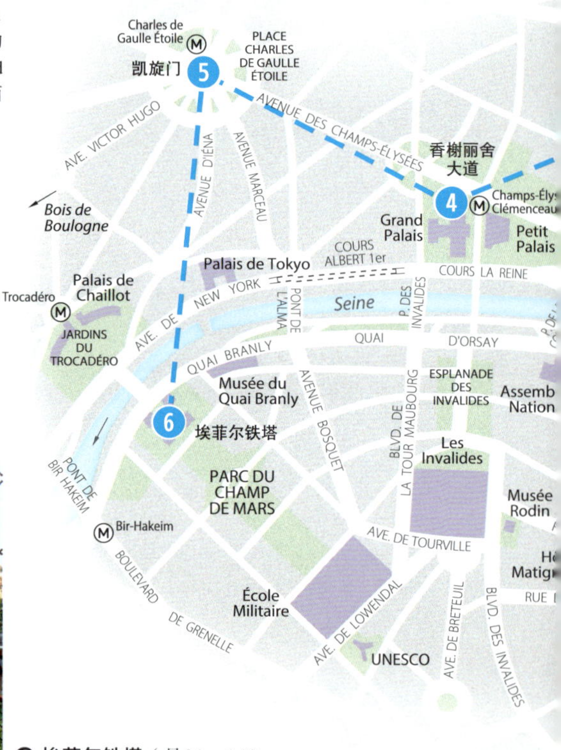

❻ **埃菲尔铁塔**（见31、149页）爬楼梯或乘坐电梯到达铁塔二层参观。搭乘PER线，坐3站到Musée d'Orsay然后南行。

巴黎亲子游第一日 / 距离：9公里
所需时间：约8小时 / 地铁起始站：Palais-Royal-Musée du Louvre

❸ **蓝色小精灵**（Au Nain Bleu，见30页）给孩子买一些有趣的纪念品吧。马戏团风格的装饰和不拘一格的商品种类，让这家巴黎最古老最大规模的玩具商店与其现代风格的竞争对手们截然不同。继续西行，左转进入布瓦西丹格拉街（Rue Boissy d'Anglas）。

❷ **杜乐丽花园**（见30页、118～119页）这座巴黎最古老的公园里到处都是雕像和喷泉，夏天还有一座游乐场。从公园的西侧离开，穿过协和广场。

❶ **卢浮宫**（见30页、122～125页）在这里可以参观埃及木乃伊和其他奇珍异宝。从Carrousel（"旋转木马"之意）那一侧的入口出去。

卢浮宫

❶ 带孩子游览这么大的博物馆可能会让人却步，但还是值得这么做。先去看**埃及木乃伊**（苏利馆一楼）或血腥的**意大利与法国文艺复兴时期绘画**（德农馆一楼），最后游览**中世纪城堡地基**（苏利馆一楼）。

Rue de Rivoli, 1st arr. · louvre.fr · 01 40 20 53 17 · €€ · 每周二、1/1、5/1、12/25 休馆 · 地铁站：Palais-Royal-Musée du Louvre

旅游达人

在卢浮宫不想排长龙，就从卢浮宫地铁站的入口进去，不要走主要的游客出入口。

杜乐丽花园

❷ 参观过博物馆之后，可以到这座花园透透气。从 6 月到 8 月底，花园的某些区域会举行 **"游乐园庆典"**（见 17 页），有旋转木马、摩天轮和其他游乐设施。

Rue de Rivoli, 1st arr. · 地铁站：Tuileries

香榭丽舍大道

❸ 沿着这条林荫大道走下来，会途经许多时髦的商店、餐厅和咖啡馆。有令人关注的**迪士尼专卖店**（**Disney Store**，门牌 44 号）。若想买点巧克力，可以试试**往日与饕客**（**Jadis et Gourmande**），就在旁边的富兰克林 · 罗斯福大街（avenue Franklin D. Roosevelt）上，门牌为 49 bis。若想亲身体验，**探索宫**（**Palais de la Découverte**，见 135 页）是一家很棒的科学博物馆。

Ave. des Champs-Elysées, 8th arr. · 地铁站：Champs-Elysées-Clemenceau

凯旋门

❹ 孩子也跟大人一样，会为凯旋门的宏伟而惊叹。他们也会喜爱屋顶的视野，且无疑会对底下疯狂的巴黎交通着迷。

Place Charles de Gaulle, 8th arr. · arcdetriompheparis.com · 01 55 37 73 77 · €€ · 5/8、7/14、11/11 早上关闭；1/1、5/1、12/25 全日关闭 · 地铁站：Charles de Gaulle-Etoile

在炎热的日子里，卢浮宫中庭的喷泉是个消暑的好地方。

埃菲尔铁塔

5 在这座地标铁塔的二层能欣赏到最佳的巴黎风光，但孩子们也许会想去一楼的玻璃地板走一走，测试一下胆量。

Parc du Champ de Mars, 5 ave. Anatole, 7th arr. · tour eiffel.com · 08 92 70 12 39 · 前往第二层和最顶层：€€、€€€；爬楼梯：€ · 地铁站：Bir-Hakeim

蓝色小精灵

6 在巴黎最古老（始于 1836 年）、最大规模的玩具商店结束一天的行程。这里有玩具、游戏、服装和其他年轻人喜爱的东西，如木质玩具车和各种各样的洋娃娃藏品。

252 blvd. St.-Germain, 7th arr. · 电话：01 42 65 20 00 · 周日公休 · 地铁站：Musée d'Orsay

第2天

巴黎周末亲子游

和孩子共度的周末第二日，行程中尽是现代艺术、中世纪教堂，以及一座不可思议的公园。

❶ **巴黎圣母院**（见34、48～49页）从公元1163年放下第一块石头算起，这座欧洲第一的大型哥特式教堂总共用了180年才建好，它的怪兽状滴水嘴一直令孩子们着迷。沿着阿寇尔街（Rue d'Arcole）往北走，然后左转到塞纳河边的科西嘉码头（Quai de la Corse）。

❷ **巴黎古监狱**（见34、44～45页）这座14世纪的建筑原本是皇宫，在公元1391年改建成监狱。穿过兑换桥（Pont au Change）沿着赛巴斯托珀大道（boulevard de Sébastopol）往北走，然后右转上奥柏里勒布谢街（Rue Aubry le Boucher）。

❸ **蓬皮杜中心**（见34～35、90～91页）启用了30年之后，这栋建筑和里面的博物馆依然让游客惊叹不已。从广场北端沿着朗比托街走到蓬皮杜中心后面，左转进入波布格街（Rue Beaubourg），再右转进入贝尔托胡同（Impasse Berthaud）。

巴黎亲子游第二日／距离：7公里
所需时间：约8小时／地铁起始站：Cité

❺拉维列特公园（Parc de la Villette，见35、79页）这座位于巴黎东北缘的辽阔公园拥有草地、游乐场和一家未来主义的科学博物馆，每个孩子都可以在这里找到有趣的东西。

❹ 洋娃娃博物馆（Musée de la Poupée，见35页）这家博物馆拥有一套完美的收藏品，有过去200年以来的洋娃娃、娃娃屋和配件。沿贝尔托胡同（Impasse Berthaud）折返，左转进入波布格街（Rue Beaubourg），再右转进入里沃利街（Rue de Rivoli）。在地铁夏特勒站（Châtelet）上M7线列车往拉库纳夫1945年5月8号站（La Courneuve-8 Mai 1945）方向，在拉维列特门（Porte de la Villette）下车，出站后往南走。

巴黎圣母院

❶ 雨果笔下的钟楼怪人卡西莫多或许是虚构的，但这座大教堂的怪兽状滴水嘴和神话怪兽装饰却是真实的。在偌大的内殿，高耸的柱子、巨大的彩绘玻璃窗和数百支闪烁的蜡烛让人仿佛回到中世纪。最精彩的部分是爬上**高塔**，想象卡西莫多和美丽的吉普赛女郎埃斯梅拉达躲藏在大钟和飞扶壁之间，俯瞰巴黎景致。

6 parvis de Notre-Dame, 4th arr. · notredamedeparis.fr · 01 42 34 56 10 · 钟塔：€€，宝库：€，地下室：€ · 地铁站：Cité 或 St.-Michel

旅游达人

巴黎有几个常驻的马戏团，包括玛黑区（Marais）附近历史悠久的冬季马戏团（Cirque d'Hiver，110 rue Amelot, 11th arr.，01 47 00 28 81，€€€€€）。这个马戏团创始于公元 1852 年，成员包括马匹、老虎、魔术师、特技演员、高空秋千表演家。当然，还有小丑。

巴黎古监狱

❷ 这座粗陋的建筑是最靠近市中心的中世纪城堡，于公元 14 世纪由国王腓力四世所建，原本是皇宫，后来成为了一座恶名昭彰的监狱。很多法国大革命期间被送上断头台的人（包括皇后玛丽・安东尼），死前都曾被关在这些寒冷的石头牢房内。里头展示的恐怖物件包括一把**断头台的刀刃**、一座囚犯洗衣用的喷泉、一张吃饭用的**石桌**，还有**诀别的角落**——犯人就是在这里搭上死囚押送车前往刑场。不必说，人们都认为巴黎古监狱闹鬼闹得很凶。

2 blvd. du Palais, 1st arr. · conciergerie.monuments-nationaux.fr · 01 53 40 60 80 · €€ · 1/1、5/1、12/25 休馆 · 地铁站：Cité 或 St.Michel

蓬皮杜中心

❸ 这栋五颜六色、内外颠倒的建筑外面装满了导管、输送管和其他功能性的东西，里面的空间大部分用来展示欧洲最重要的现代与当代艺术收藏。看看一楼新开设的儿童工作室有没有什么活动——那是个很棒的工作室，有各种为 6 至 12 岁儿童准备的课程。一楼还有创新的**儿童**

艺廊（**Galerie des Enfants**），提供专为儿童设计的艺术展览与活动。户外空间也一样充满动感，有一座铺着鹅卵石的广场，吸引着巴黎最棒的街头艺人；此外还有**伊戈尔·斯特拉文斯基喷泉**（Igor Stravinsky Fountain），里头稀奇古怪的雕塑品由艺术家妮基·桑法勒（Niki de Saint Phalle）和让·丁格里（Jean Tinguely）所作。

Place Georges Pompidou, 4th arr. · centrepompidou.fr · 01 44 78 12 33 · 国家现代艺术博物馆：€€€（每月第一个星期天免费）· 每周二及 5/1 休馆；布朗库西工作室（Atelier Brancusi）早上不开放 · 地铁站：Rambuteau 或 Châtelet

洋娃娃博物馆

4 这家迷人的博物馆收藏着从公元 19 世纪到今天的各种稀奇罕见的洋娃娃，包括来自世界各地的娃娃和用不寻常的材料制成的娃娃。

Impasse Berthaud, 3rd arr. · museedelapoupeeparis.com · 01 42 72 73 11 · €€ · 每周一及国定假日闭馆 · 地铁站：Rambuteau

拉维列特公园

5 一场创意的都市更新计划将这片丑陋的公元 19 世纪工业区改造成了一片巨大的绿地，有草坪、游乐场和专为儿童设计的主题花园。公园内的运河北侧有一家科学博物馆——**科学与工业之城**（**La Cité des Sciences et de l'Industrie**, 30 ave. Corentin Cariou, 01 40 05 70 00，€€ · 周一休馆），里面是可以亲身体验的展览，从太空旅行、自然灾难到生命的起源应有尽有。

Ave. Jean Jaurès · 地铁站：Porte de la Villette 或 Pantin

科学与工业之城有全法国最大的电影院。

旋风式行程

第二章

巴黎各区介绍

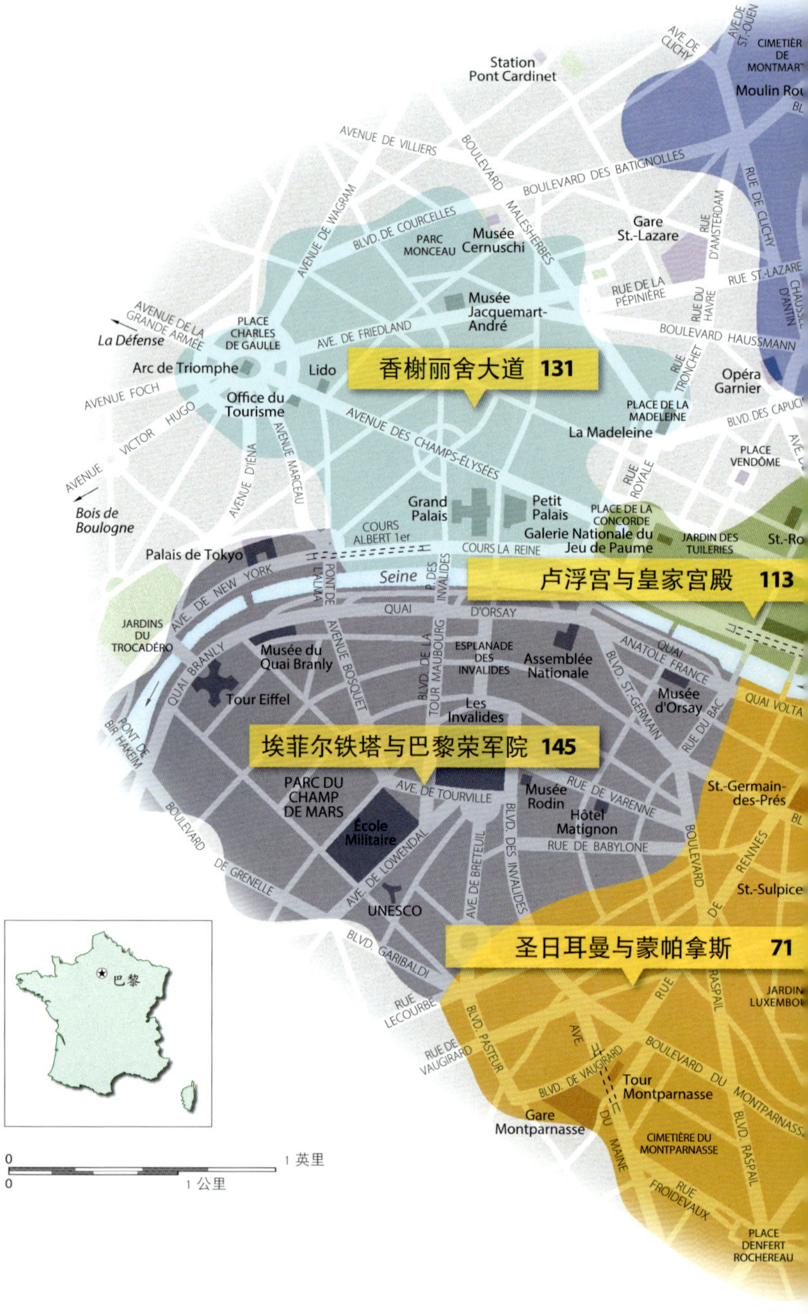
香榭丽舍大道 131
卢浮宫与皇家宫殿 113
埃菲尔铁塔与巴黎荣军院 145
圣日耳曼与蒙帕拿斯 71
Station Pont Cardinet
AVE. DE CLICHY
AVE. DE ST.-OUEN
CIMETIÈR DE MONTMART
Moulin Rou
AVENUE DE VILLIERS
BOULEVARD MALESHERBES
BOULEVARD DES BATIGNOLLES
AVENUE DE WAGRAM
BLVD. DE COURCELLES
PARC MONCEAU
Musée Cernuschi
Gare St.-Lazare
RUE D'AMSTERDAM
RUE DE CLICHY
RUE ST.-LAZARE
RUE DE LA PÉPINIÈRE
RUE DU HAVRE
CHAUSSÉE D'ANTIN
Musée Jacquemart-André
AVENUE DE LA GRANDE ARMÉE
La Défense
PLACE CHARLES DE GAULLE
AVE. DE FRIEDLAND
BOULEVARD HAUSSMANN
RUE TRONCHET
Arc de Triomphe
Lido
Opéra Garnier
AVENUE FOCH
Office du Tourisme
PLACE DE LA MADELEINE
BLVD. DES CAPUCI
AVENUE VICTOR HUGO
AVENUE DES CHAMPS-ÉLYSÉES
La Madeleine
AVENUE D'IÉNA
AVENUE MARCEAU
RUE ROYALE
PLACE VENDÔME
Bois de Boulogne
Grand Palais
Petit Palais
PLACE DE LA CONCORDE
COURS ALBERT 1er
Galerie Nationale du Jeu de Paume
JARDIN DES TUILERIES
St.-Ro
Palais de Tokyo
COURS LA REINE
AVE. DE NEW YORK
PONT DE L'ALMA
P. DES INVALIDES
Seine
JARDINS DU TROCADÉRO
QUAI D'ORSAY
AVENUE BOSQUET
BLVD. DE LA TOUR MAUBOURG
QUAI BRANLY
Musée du Quai Branly
ESPLANADE DES INVALIDES
Assemblée Nationale
QUAI ANATOLE FRANCE
BLVD. ST.-GERMAIN
Tour Eiffel
Les Invalides
Musée d'Orsay
QUAI VOLTA
RUE DU BAC
PONT DE BIR HAKEIM
PARC DU CHAMP DE MARS
AVE. DE TOURVILLE
Musée Rodin
RUE DE VARENNE
St.-Germain-des-Prés
BOULEVARD DE GRENELLE
École Militaire
Hôtel Matignon
RUE DE BABYLONE
AVE. DE LOWENDAL
AVE. DE BRETEUIL
BLVD. DES INVALIDES
BOULEVARD RASPAIL
RUE DE RENNES
St.-Sulpice
UNESCO
BLVD. GARIBALDI
JARDIN LUXEMBOU
RUE LECOURBE
BLVD. PASTEUR
AVE. DU MAINE
RUE DE VAUGIRARD
BLVD. DE VAUGIRARD
BOULEVARD DU MONTPARNASSE
Tour Montparnasse
Gare Montparnasse
CIMETIÈRE DU MONTPARNASSE
BLVD. RASPAIL
RUE FROIDEVAUX
PLACE DENFERT ROCHEREAU
巴黎
0
1 英里
0
1 公里

巴黎各区

蒙马特 161
夏特勒与雷阿勒 83
玛黑区与巴士底 97
岛区 41
拉丁区 55
Basilique du Sacré-Coeur
PLACE DU TERTRE
Gare du Nord
RUE DU FAUBOURG ST.-DENIS
RUE LA FAYETTE
BOULEVARD DE MAGENTA
RUE DE MAUBEUGE
Gare de l'Est
FAUBOURG SAINT-MARTIN
Canal St.-Martin
BLVD. DE LA VILLETTE
Folies Bergère
BLVD. DE STRASBOURG
RUE DU
Hôpital St.-Louis
BLVD. POISSONNIÈRE
BOULEVARD DE BONNE NOUVELLE
BLVD. ST.-MARTIN
RUE ST.-MARTIN
RUE RÉAUMUR
PLACE DE LA RÉPUBLIQUE
AVENUE DE LA RÉPUBLIQUE
PLACE DES VICTOIRES
Les Halles
Bourse de Commerce
Forum
BLVD. DE SÉBASTOPOL
Centre Pompidou
RUE DU RENARD
BLVD. DU TEMPLE
BOULEVARD VOLTAIRE
BOULEVARD RICHARD LENOIR
Cimetière du Père-Lachaise
Archives Nationales
Musée Picasso
Musée de l'Histoire de France
Musée Carnavalet
RUE DE RIVOLI
PLACE DU CHÂTELET
QUAI DE LA MÉGISSERIE
PONT NEUF
Q. DE GESVRES
VOIE GEORGES POMPIDOU
Hôtel de Ville
PLACE DES VOSGES
La Conciergerie
Ste.-Chapelle
Île de la Cité
QUAI DE L'HÔTEL DE VILLE
RUE ST.-ANTOINE
PLACE DE LA BASTILLE
QUAI DES CÉLESTINS
BLVD. HENRI IV
RUE DU FAUBOURG ST.-ANTOINE
Cathédrale de Notre-Dame de Paris
QUAI DE MONTEBELLO
Île St.-Louis
Musée de Cluny
QUAI DE LA TOURNELLE
PONT DE SULLY
QUAI HENRI IV
BLVD. MORLAND
RUE DE LYON
BLVD. ST.-GERMAIN
La Sorbonne
AVE. LEDRU-ROLLIN
AVE. DAUMESNIL
DIDEROT
JARDIN TINO-ROSSI
Institut du Monde Arabe
Panthéon
QUAI ST.-BERNARD
BOULEVARD
Gare de Lyon
JARDIN DES PLANTES
PONT D'AUSTERLITZ
QUAI DE LA RAPÉE
Bois de Vincennes
Grande Mosquée de Paris
Musée National d'Histoire Naturelle
Hôpital Val de Grâce
QUAI D'AUSTERLITZ
Seine
BLVD. DE BERCY
PONT DE BERCY
Gare d'Austerlitz
BOULEVARD DE L'HÔPITAL
BLVD. ST.-MARCEL
QUAI DE BERCY
QUAI DE LA GARE
AVE. DES GOBELINS
BOULEVARD VINCENT AURIOL
ST.-JACQUES
BLVD. AUGUSTE BLANQUI
PLACE D'ITALIE

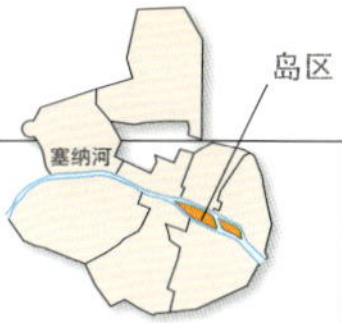

岛区

塞纳河上的两座岛屿——西岱岛和圣路易岛是巴黎2000年历史的中心。最初，一支名叫巴黎希的塞尔特民族在这里建立了一个渔村，后来其发展成了一座具有战略性的罗马城镇，接着成为了法国诸王的王座所在地，之后又成了法国大革命的发源地。这段历史的证据依旧存在，从圣母院的钟塔、圣礼拜堂的彩绘玻璃到巴黎古监狱的堡垒，乃至启蒙时代的大人物们住过的公元17世纪的别墅。在哥特式教堂、花市、圣路易岛的狭窄街道以及圣母院旁的修道院区，以往的氛围依旧存在，公元21世纪似乎非常遥远。巴黎古监狱现在接待游客参观游览而不再关押即将上断头台的犯人，但是这个岛区仍然通过司法院这样的机构掌握着实权。远离人群，静谧的公园和码头边都有地方可以歇脚。

◀ 中世纪的巴黎圣母院取代了先前的基督教礼拜堂，其建筑年代比圣母院早了至少五个世纪。

岛区

想体验巴黎风情，不妨从西岱岛和圣路易岛的一头逛到另一头，
这里 400 年来一直没有什么改变。

❶ **绿骑士公园**（Square du Vert-Galant，见44页）一尊亨利四世的骑马雕像威风凛凛地俯瞰着这座以他的绰号命名的河滨公园。从这里起步，向东走到新桥（Pont Neuf）。

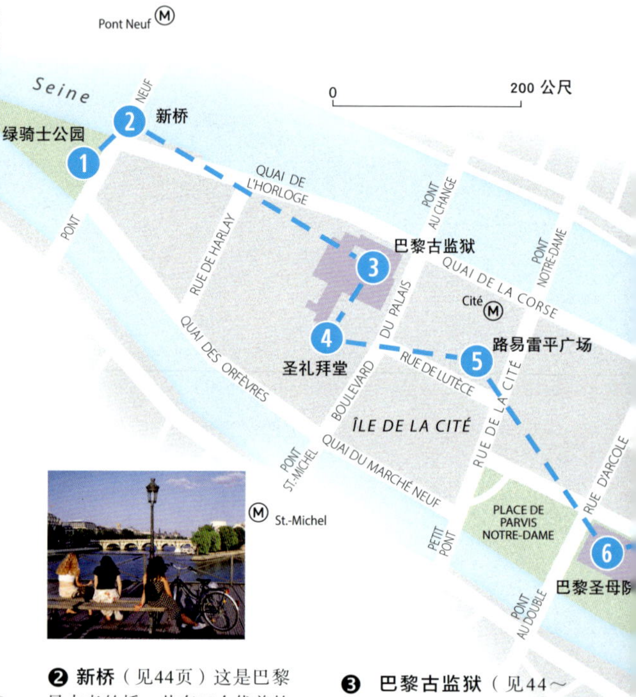

❷ **新桥**（见44页）这是巴黎最古老的桥，共有12个优美的拱型桥墩，跨越了塞纳河和西岱岛最西端的一小块土地。在岛上沿着时钟码头（Quai de l'Horloge）向东走，右转进入皇宫大道（Boulevard du Palais）。

❸ **巴黎古监狱**（见44～45页）曾有数以千计的人从这栋原本是皇宫的监狱走向断头台，玛丽·安东尼和罗伯斯庇尔都在其列。离开时，在皇宫大道（Boulevard du Palais）右转。

岛区 / 距离：约2.4公里
所需时间：约5至6小时 / 地铁起始站：Pont Neuf

❽ **圣路易岛**（见46～47页）这座贵气的岛屿保留着公元17世纪的建筑特征和隽永的特质，如今是贝提恩冰淇淋（Berthillon）和许多特殊专卖店的所在地。向东游览丽里圣路易街（Rue St.-Louis en l'Ile）。

❼ **古修道院区**（见46页）曾有许多修道院包围着圣母院，如今只剩塞纳河畔那一小片迷宫般的街道。从圣母院后面的公园出来，穿过圣路易桥（Pont St.-Louis）。

❻ **巴黎圣母院**（见48～49页）相较于700年前，这座法国名气最大的天主教堂今天的气势丝毫不减。这样一栋建筑既是为了激励人心，也是教导人们敬畏上帝。从教堂正面出发，沿着rue d'Arcole往北走一个街区。

❺ **路易雷平广场**（Place Louis Lépine，见45页）这座广场在平时是花市，每到周日则会变成缤纷的鸟市。沿着西岱街（Rue de la Cité）往下走一个街区来到教堂广场，参观查理曼大帝的骑马雕像。

❹ **圣礼拜堂**（见45页）圣路易建造了这座哥特式的经典之作，用来收藏公元13世纪十字军东征时从中东带回来的基督教圣骨。横跨皇宫大道（Boulevard du Palais），沿着吕特西街（Rue de Lutèce）往下走一个街区。

绿骑士公园

❶ 这座公园的形状就像一艘大船的船首，位于西岱岛的下游端，可以经由阶梯从街道那一层走下来。公园是以国王亨利四世命名的——他是个出了名的浪荡子，所以被昵称为“绿骑士”——而他的**骑马雕像**就立在阶梯顶端的露台上。根据传说，公园最西端的那棵大树，每年春天都是巴黎最先变绿的一棵树。公元1314年，圣殿骑士团的最后一位宗师雅克·德·莫雷（Jacques de Molay）就在这里被处以火刑。有游船从公园的北岸出发。

Pont Neuf, 1st arr.·地铁站：Pont Neuf

新桥既是交通繁忙的干道，也是很多人欣赏河景的地点。

新桥

❷ 虽然名叫“新桥”，但这座桥却是巴黎跨越塞纳河的诸多桥梁中最古老的一座。它于公元1607年竣工，尽管经过多次维修，看起来却和400年前没什么差别。桥的北侧有七个拱，南侧则有五个，上面装饰着怪兽状滴水嘴和其他古怪之物。新桥的梦幻景致吸引着寻找巴黎最浪漫地点的摄影师和情侣。

Ile de la Cité, 1st arr.·地铁站：Pont Neuf

巴黎古监狱

❸ 法国大革命期间，所谓的恐怖统治（1793～1794年）在西岱岛北岸这所恶名昭彰的监狱里达到了残忍的极致。这座有塔楼的建筑原本是中世纪一座皇宫的一部分，后来在公元14世纪晚期被改成了监狱。到了公元18世纪末，曾有数以千计的人在里面被审判、刑罚、监禁，等

着被砍头。皇后玛丽·安东尼走上断头台前曾在这里被关过几个月，而革命领袖罗伯斯庇尔和丹顿后来也经历了同样的遭遇。被砍头前，他们就被关在玛丽·安东尼的牢房附近。曾有22个革命人士在**吉洪丁小礼拜堂**（**Chapelle des Girondins**）围着一个死去同志的遗体唱歌跳舞，度过他们的最后一夜。如今这地方成了一座博物馆，展示着玛丽·安东尼的十字架、一把断头台的刀刃以及其他物件。

2 blvd. du Palais, 1st arr. · conciergerie.monuments-nationaux.fr · 01 53 40 60 80 · 1/1、5/1、12/25 休息 · 地铁站：Cité 或 St.-Michel

圣礼拜堂

4 这栋精致的建筑原本是一座精美的皇家礼拜堂，在巴黎的中世纪建筑里，它算是令人惊叹的幸存者。国王路易九世于公元13世纪中叶下令建造这座礼拜堂，用以收藏他十字军东征时搜集到的圣物（如荆棘头冠和十字架的碎片），如今这些圣物都收藏在圣母院的宝库里（见49页）。这座教堂和巴黎古监狱是原来的旧皇宫“西岱宫”（Palais de la Cité）仅存的遗迹，其设计结合了飞扶壁和炫目的天花板及奢华的木工工艺。彩绘玻璃窗是公元13世纪的原件，共有1100幅精细的圣经画面，教堂上半层变成了一个半透明的珠宝盒。圣礼拜堂位于**司法宫**（**Palais de Justice**）内，那是一座19世纪的建筑，巴黎最高法庭就设在这里。

4 blvd. du Palais, 1st arr. · sainte-chapelle.monuments-nationaux.fr · 01 53 40 60 80 · €€ · 1/1、5/1、12/25 休息 · 地铁站：Cité 或 St.-Michel

路易雷平广场

5 这座小广场以一位前任警长的名字命名，为岛屿中心死气沉沉的行政建筑添上了一抹鲜亮的色彩。从周二到周六，广场是一座芬芳的**花卉市场**，出售各式各样的鲜花、种子、球茎和其他园艺用品。每逢周日就会变成鸟市（Marché aux Oiseaux），贩卖各种五颜六色的鸟类和鸟笼。

Place Louis Lépine, 4th arr. · 地铁站：Cité

巴黎圣母院

6 见 48 ～ 49 页

6 parvis de Notre-Dame, 4th arr. · notredamedepar is.fr · 01 42 34 56 10 · 钟塔：€€，宝库：€，地下室：€ · 地铁站：Cité 或 St.-Michel

美食推荐

■ **AU VIEUX PARIS D'ARCOLE**
从巴黎圣母院出来，到这间浪漫的小酒店享受来自阿韦龙地区的丰盛菜肴。
24 rue Chanoinesse, 4th arr.，电话：01 40 51 78 52，€€€

■ **LE FLORE EN L'ILE**
美味的点心和饮料加上如梦似幻的圣母院，让这家河滨咖啡馆成为让你想要流连几个小时的地方。42 quai d'Orléans, 4th arr.，01 43 29 88 27，€€€

■ **NOS ANCÊTRES LES GAULOIS**
这间餐厅在圣路易岛广受欢迎，品类丰富的固定价格菜单上有各式蔬菜沙拉、烤肉和葡萄酒供选择。
39 Rue St.-Louis-en-l'Ile, 4th arr.，01 46 33 66 07，€€€€

古修道院区

7 圣母院北侧错综复杂的狭窄巷道让人想起中世纪的都市景致，巴黎中心区大部分曾经都是这个样子。古修道院区内的街道，如**雨桑街**（**Rue des Ursins**）和**鸽子街**（**Rue de la Colombe**）都令人想起另一个时代，当时僧侣们就生活在那座雄伟的教堂旁边。**夏诺瓦涅斯街**（**Rue Chanoinesse**）两侧都是古老的神职人员住所，据说 12 世纪阿贝拉和艾路易丝的爱情悲剧就发生在这儿的一栋楼房里，如今那个地址是一栋较新的建筑（门牌 10 号）。

Rue d'Arcole, 4th arr. · 地铁站：Cité 或 St.-Michel

圣路易岛

8 大部分访客都会忽略小小的圣路易岛，但巴黎的往日风华却有一小部分在这里神奇地延续了下去。这座满是沼泽的岛屿原本用来放牛，在公元 17 世纪被改造成一片贵族专属的领地，很多启蒙时代的才子都曾经在这里生活过。尽管经过重重整修，但大部分建筑还是属于那个时代，如公元 1657 年建的**洛赞旅馆**（**Hôtel de Lauzun**，17 quai d'Anjou），诗人波特莱尔（1811～1867 年）、高提耶（1811～1872 年）以及作曲家瓦格纳（1813～1883 年）都在那儿住过。由于地基不稳固，很多老建筑都已经倾倒，再不然就是歪向左边或右边。岛

岛上的圣路易街两侧都是历史悠久的城市宅邸。

上唯一的教堂名叫**岛上的圣路易教堂**（**St.-Louis-en-l'Ile**, 19 Bis, rue St.-Louis en l'Ile, 4th arr.，01 46 34 11 60，周一休息），这里有一些看点，包括三条走道的古怪平面配置以及一座位于室外的铁钟。这栋巴洛克式建筑花了超过一个世纪（1656 年至 1765 年）才建造完成，顶上立着一座细细的尖塔，俯瞰着整个社区。值得注意的还有它高耸的科林斯式列柱以及巨大的风琴，此外这里也常举办圣乐演奏会。如今巴黎人涌到这座小岛并不是为了感受它丰富的历史，而是为了**贝提恩**的水果冰淇淋（**Berthillon**，29 rue St.-Louis en l'Ile）。

Pont de Sully, 4th arr. · 地铁站：Pont Marie

巴黎圣母院

圣母院高高耸立在西岱岛上，是中世纪建筑的典范。

圣丹尼被罗马人斩首，所以圣母院的左侧大门上，他的雕像拿着自己的头颅。

“圣母院不只陪伴着他，它就是他的宇宙；不，不只这样，它就是大自然本身。”法国作家雨果在《巴黎圣母院》中这样写道。雨果写的是虚构人物卡西莫多，但他指的也可以是全人类，以及人们对这座公元1163年至公元1345年建成的巴黎教堂的看法。没有多少建筑拥有比这座大教堂更丰富的故事。它的历史融合了真实和虚构，因此，既是建筑地标，也是文化象征。

■ 正面

教堂正对着圣母院广场，是哥特式艺术的伟大作品之一。玫瑰窗骄傲地占据了中央位置（注意它如何在圣母与圣子雕像群周围形成一个巨大的光圈），但你的目光也会被三个入口的巨大门框吸引过去。**最后审判之门**（**Portal of the Last Judgement**）位于中间，象征着开启了教堂内的天堂之门，两侧分别是**圣母之门**（**Portal of the Virgin**，左）和**圣安妮之门**（**Portal of St.Anne**，右）。横跨在三扇大门上方的则是壮观的**国王之廊**（**King's Gallery**），立着28尊以色列和犹太古代国王的雕像。

■ 中殿与圣坛

即便以今日的标准来看，圣母院的大小还是很惊人：中心区有130米长、35米高，两侧共有37座小礼拜堂和75根巨大的石柱，可容纳9000人做礼拜。巨大的玫瑰窗和它们的玻璃隔间有差不多6层楼高。南面的窗户安装于公元1260年，是圣路易赠送的礼物。

行家知识

圣母院的晚间表演（7月至10月）提供了天黑之后参观这栋建筑的机会，还可以通过声音和影片了解它的历史。

■ 钟塔

大教堂的双塔以69米的高度直指巴黎天际，是雨果虚构的敲钟人卡西莫多出没的地方。访客可以从北塔底部的一个入口进去，但要有爬楼梯的心理准备。往上爬约三分之二就会抵达**怪兽廊**（**Chimera Gallery**），在这里可以近距离接触圣母院的怪兽状滴水嘴。视野最棒的地方是南塔的屋顶。

■ 宝库

教堂的宝库里收藏着从基督教诞生之初到现代的圣物，宝库的入口位于主祭坛右边（南侧）的一座小礼拜堂。值得一提的物件包括一座放着**荆棘头冠**的金色圣坛，还有一**块木头碎片和一根钉子**，据说是来自钉死耶稣的十字架。

6 parvis de Notre-Dame, 4th arr. · notredamedeparis.fr · 01 42 34 56 10 · 钟塔：€€，宝库：€，地下室：€ · 晚间表演：免费，日期与时间不定 · 地铁站：Cité 或 St.-Michel

哥特式建筑

或许难以置信，但人们曾经认为我们今日喜爱的哥特式建筑既丑陋又落伍。文艺复兴时期一些自以为博学的人创造了这个词，目的是想把一种他们认为很没水准的风格跟蹂躏罗马帝国的野蛮民族扯上关系。哥特人跟这种以他们的名字为名的设计倒是一点关系也没有。直到公元 19 世纪，哥特式建筑才被视为西方文明的一大成就。

要欣赏圣母院的飞扶壁（上），最好的地点是教堂后面的让二十三世广场。圣礼拜堂拥有全世界最大的一套彩绘玻璃（右）。

宗教势力

圣丹尼礼拜堂（见 52 页）和圣母院（见 48 ～ 49 页）的建造开启了公元 12 世纪早期巴黎哥特式建筑发展的先河。当时的法国已经成为强权国家，亟欲用雄伟的建筑来宣扬国威。圣母院完美地实现了天主教会为上帝建造伟大神殿的愿望，但自公元 9 世纪以来就一直是主流的罗马式建筑风格却使其在高度和装饰上受到了限制。

建造高楼

公元 1120 年左右，建筑界展开了革新，创造出高拱、肋拱和飞扶壁，也就是哥特式建筑的结构元素。通过这些革新，法国的建筑师和石匠解决了工程上的难题，只要将上述元素结合在一起，就可以让建筑物更高、墙壁更薄、窗户更大，创造出充满光线的璀璨空间。再用怪兽状滴水嘴（排水口）增添几分戏剧效果，就成了一种横扫欧洲、令人惊奇的建筑新形式。

哥特式建筑经典

位于巴黎郊区的**圣丹尼礼拜堂**（**Basilique St.-Denis**）是第一座真正的哥特式建筑，这要归功于公元12世纪的一场翻新，当时在原本的公元8世纪建筑上增添了许多新的构造与设计元素。中殿和回廊是后世类似作品的原型。

圣母院迅速跟进，在圣丹尼礼拜堂翻新约20年之后开始了翻新工程。这是欧洲第一座大型的哥特式天主教堂，一切设计都是为了让目睹者大受震撼、心生敬畏。尽管比其他两座教堂小，但为了收藏圣骨而建造的**皇家圣礼拜堂**（见45页）却被视为巴黎哥特式装饰的巅峰之作。

哥特式术语

飞扶壁（flying buttress）：一种拱形结构，作用在于减轻墙壁上半部所承受的压力，将拱顶或屋顶的重量转移到建筑物外面的支柱上。

怪兽状滴水嘴（Gargoyle）：从屋顶或女儿墙伸出来的排水口，通常描绘某种古怪的人物或生物。

尖拱（pointed arches）：这些拱形协助支撑屋顶的重量，所以墙壁可以薄一点。

肋拱（rib vault）：支撑拱形天花板的石头肋材。

玫瑰窗（rose window）：带有装饰用花格的圆形窗户。圣母院西侧的玫瑰窗直径9.4米。

地下巴黎

从爱伦·坡和雨果到安·莱斯和她著名的吸血鬼，地下巴黎一直为大众文学提供着丰富的题材。但这座城市的地下世界也有它实际的一面——皇家陵寝和罗马废墟，满是老鼠的下水道和严肃的纪念碑。

■圣母院之下

圣母院的**考古地下室**（**Crypte Archéologique**·7 parvis de Notre Dame, 4th arr.，carnavalet.paris.fr，01 55 42 50 10·€·周一及国定假日休息）里有过去2000年来曾经矗立在这个地点的各种建筑的遗迹，包括一栋高卢罗马时期的房屋、中世纪的商店，以及一座公元4世纪的浴场。位于地下的**集中营殉难者纪念馆**（**Mémorial des Martyrs de la Déportation**，Square de l'Ile de France, 4th arr.，01 46 33 87 56）就在圣母院正后方，纪念第二次世界大战期间死于纳粹集中营的20万法国人。它于1962年启用，异乎寻常的设计旨在激起毁灭与幽闭的感觉。

■其他教堂地窖

巴黎的教堂都有自己的地下魅力。**万神殿**（**Panthéon**，Place du Panthéon, 5th arr.，01 44 32 18 00，€€，国定假日休息）的地下室是许多巴黎名人的长眠之所，包括雨果、居里夫人、左拉、卢梭以及伏尔泰。**圣丹尼礼拜堂**（1 place de la Légion d'Honneur, 7th arr.，01 48 09 83 54，€€，1/1、5/1、12/25休息）的地窖据说收藏着国王路易十六和皇后玛丽·安东尼的遗骸。此外还有一座纳骨堂，收藏着法国大革命期间从皇家陵寝中挖出来的骸骨。

■骷髅与喷漆

巴黎的街道下方有数以百计的废弃矿井，形成了一座地下迷宫，数百年来都被秘密社团、反抗组织以及嘈杂的狂欢者占据。如今，尽管这些坑道大部分严禁进入，但还是有一群狂热的“地下爱好者”跑到坑道中游荡，在远离社会目光的地方表达自我。对游客而言，这里唯一可以进入的部分就是**巴黎地下墓穴**（**Catacombes de Paris**，1 ave. du Colonel Henri Roi-Tanguy, 14th arr.，catacombes-de-paris.fr，01 43 22 47

巴黎地下墓穴是个不寻常的景点，有大约600万巴黎人的遗骨。

63，€€，周一休息），它建立于公元18世纪晚期，当时政府决定把巴黎所有的中世纪坟场以及里面的数千具遗体全部迁到这些废弃的矿场。被埋葬于此的第一批新遗体包括了法国大革命的受害者。地下通道行经一面面全是骷髅头和奇特喷漆的墙壁。自助游从左岸的丹费尔-罗什洛广场（place Denfert-Rochereau）开始。地下墓穴不定期临时闭馆，参观前请访问官方网站确认信息。

■ 下水道之旅

另一个地下景点是不规则延伸的**下水道博物馆**（**Musée des Egouts**，93 quai d'Orsay, 7th arr.，01 47 05 10 29，€，周四、周五、1/1、1月的最后三周以及12/25休息），必须从奥塞码头（Quai d'Orsay）进入。展示地点位于真正的污水排水道内。汹涌的水流上方有金属栅栏，展示材料涵盖了巴黎下水道的过去、现在和未来。

岛区

CRÊPERIE
GENIA
PAELLA
MICHEL
Saint Severin
café

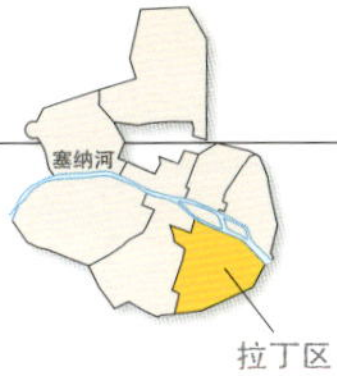

拉丁区

虽然“拉丁区”这个名字指的是中世纪开始在这个河滨社区聚集的学者和教师们使用的语言，但它也同时说明了该区最早的都市化人口。罗马城镇鲁特西亚（Lutetia）最初建立在塞纳河中的岛屿上，但它很快就扩张到左岸。罗马人在这里建了广场、公共澡堂（克吕尼博物馆）以及一座露天竞技场（卢特斯竞技场，Arenes de Lutece），角斗士就在这里格斗。到了中世纪，该区到处都是大寺院和修道院，学者群集，学术气氛浓厚，公元13世纪更建成了一所名叫索邦（Sorbonne）的大学。法国大革命摧毁了该区的许多宗教建筑，但巨大的万神殿幸免于难，之后被改造成不朽的殿堂，向法国科学、文学与哲学界的伟大人物致敬。后来拉丁区也成为了巴黎穆斯林居民的活动中心，拥有法国最大的清真寺和一家阿拉伯艺术与文化中心，体现了巴黎不断变动的特质。

◀ 拉丁区的街道稠密、九曲十八弯，咖啡馆、酒吧和手工食品店林立。

拉丁区

在拉丁区走一遭，邂逅罗马废墟、植物园
以及公元21世纪的河滨建筑。

❶ **圣塞维林教堂**（St.-Séverin，见58页）哥特式建筑也可以很小，这座献给一位公元6世纪隐士圣人的华丽小教堂就是一个缩影。出了教堂之后往左走，过了圣日耳曼大道（Boulevard St.-Germain）后在克吕尼街（Rue Cluny）右转。

❷ **克吕尼博物馆**（见64～65页）造访巴黎最棒的小博物馆之一，参观罗马浴场和一栋满是中世纪工艺品的中世纪别墅。穿过博物馆前的广场，沿着大学西侧的索邦街（Rue de la Sorbonne）前行。

❸ **索邦大学**（La Sorbonne，见59页）这所声名卓著的大学创建于公元13世纪，原本是一所神学院。在库贾街（Rue Cujas）左转，继续朝万神殿前进。

❹ **万神殿**（见59页）这座高耸的新古典风格教堂在法国大革命期间被改造成一座世俗的陵墓，埋葬那些曾经带领法国走向伟大的人物。沿着万神殿广场（Place du Panthéon）往东走一个街区。

❺ **圣艾提安杜蒙教堂**（St.-Etienne-du-Mont，见60页）这座奢华的哥特式教堂中殿内矗立着一面精美的圣坛屏风。沿着克洛维斯街（Rue Clovis）向东走两个街区，在勒莫因主教街（Rue du Cardinal Lemoine）左转，然后在蒙吉街（Rue Monge）右转。

拉丁区 / 距离：6.4公里
所需时间：约6至8小时 / 地铁起乘站：St.-Michel

❾ **阿拉伯文化中心**（Institut du Monde Arabe，见63页）阿拉伯文化中心是世界最顶尖的阿拉伯学术中心之一，超现代的建筑几乎和其展示的伊斯兰艺术与文化一样令人印象深刻。

❽ **植物园**（Jardin des Plantes，见62～63页）巴黎植物园融合了植物、动物以及博物馆。从瓦吕贝广场（Place Valhubert）的门出去，在圣柏纳码头（quai St.-Bernard）左转。

❼ **巴黎大清真寺**（Grande Mosquée de Paris，见61～62页）这座清真寺是北非建筑的耀眼之作。穿过杰奥弗瓦圣伊列街（Rue Geoffroy St.-Hilaire），前往对面的花园。

❻ **吕特西竞技场**（Arènes de Lutèce，见60～61页）这座古罗马竞技场曾经上演角斗士的格斗，如今则是一座安静的公园。离开时，在拉谢佩德街（Rue Lacépède）左转，然后在吉福罗伊圣伊莱尔街（Rue Geoffroy St.-Hilaire）右转。

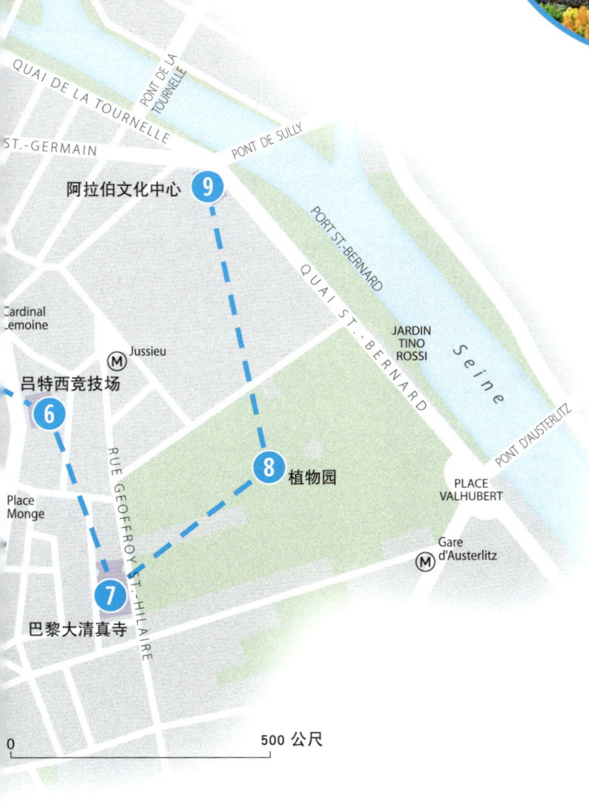

圣塞维林教堂

❶ 尽管规模很小，但这座拉丁区的教区礼拜堂却拥有一段漫长而复杂的历史。其守护圣人是一位公元 6 世纪的隐居僧侣，他生活在巴黎的时间差不多就是克洛维国王决定改信基督教的时候，克洛维此举永远改变了巴黎和法国的命运。这座教堂的建筑过程拖了很久，从公元 13 世纪就开始建正面和中殿，但却到公元 17 世纪才全部完工。那时国王路易十四的表姐蒙潘西耶雇用了皇家建筑师夏勒・雷布朗，请他将教堂内部“现代化”。雷布朗小心翼翼地保存了教堂的“火焰哥特式”精神，这种风格的特点是采用大量的**彩绘玻璃**、神情凶猛的**怪兽状滴水嘴**和**双回廊**，回廊两侧全部是造型酷似棕榈树的柱子。圣塞弗杭教堂的钟塔里有**全巴黎最古老的钟**（公元 1412 年），南侧的院子曾经是教区的坟场，外侧那座修道院似的建筑则是巴黎仅存的积骨堂。教堂经常举办周六晚间**音乐会**。

3 Rue des Prêtres St.-Séverin. 5th arr. · saint-severin.com · 01 42 34 93 50 · 地铁站：Cluny La Sorbonne 或 St.-Michel

这是尚–荷内・巴杰恩（Jean-René Bazaine）创作的一系列彩绘玻璃窗之一，于1964～1969年间安装在圣塞维林教堂。

克吕尼博物馆

❷ 见 64 ～ 65 页

6 place Paul Painlevé, 5th arr. · musee-moyenage.fr · 01 53 73 78 00 · 每周二、1/1、5/1、12/25 休馆 · 地铁站：Cluny La Sorbonne 或 St.-Michel

索邦大学

3 索邦大学是世界最古老、最有名望的学术机构之一，其根源可追溯到公元 13 世纪，当时的一位教士罗伯·索邦（法王路易九世的告解神父）创办了一所供穷学生就读的神学院。今日的校园有超过 23000 名学生、1300 名教师和 17 个学系。枢机主教黎塞留（Richelieu）在公元 17 世纪早期担任大学校长时监督建造了这栋建筑。主楼宛如一座迷宫，有演讲厅、实验室、**图书馆**、办公室，一座**观测站**以及一间耶稣会风格的**教堂**，黎塞留就葬在这里。

1 Rue Victor Cousin, 5th arr. · english.paris-sorbonne.fr · 01 40 46 22 11 · 只有团体行程，最少 10 人，须预约 · 地铁站：Cluny-La Sorbonne

万神殿

4 很多撼动世界的法国大人物最后都长眠在拉丁区这栋高耸的建筑物内。最初它是一座献给圣吉娜维芙（St.-Genevieve）的教堂，但这座巨大的建筑在法国大革命期间被纳作俗用，改造成一座名人殿，埋葬有影响力的法国人。长眠在这里的包括哲学家伏尔泰、笛卡尔、卢梭，作家雨果、左拉、大仲马，发明家路易·布莱以及获得诺贝尔奖的科学家居里夫人（是葬在这里仅有的两位女性之一）。万神殿建于公元 1758 年至公元 1789 年间，是新古典主义建筑的早期范例；正面模仿原版的罗马万神殿，巨大的内部则呈十字形。椭圆形的圆顶影响了美国国会大厦的设计。

Place du Panthéon, 5th arr. · pantheonparis.com · 01 44 32 18 00 · €€ · 1/1、5/1、12/25 休息 · 地铁站：Cardinal Lemoine

美食推荐

■ L'ATELIER MAÎTRE ALBERT

名厨盖伊·萨沃伊（Guy Savoy）的日常餐馆，以烤肉为主打。香脆烤鸡配奶油味土豆泥是这里的推荐菜。

1 rue Maître Albert, 5th arr.，电话：01 56 81 30 01，€€€

■ NOURA

这家通风的屋顶餐厅位于阿拉伯文化中心顶楼，供应很棒的黎巴嫩料理，还能远眺塞纳河和圣母院的梦幻景致。

1 Rue des Fossés St.-Bernard, 5th arr.，01 55 42 55 42，€€€

■ LE REMINET

这间温馨的小酒馆紧邻莎士比亚书店，供应巴黎数一数二的午餐套餐，全部采用新鲜的当地食材烹制。

3 rue des Grands Degrés, 5th arr.，电话：01 44 07 04 24，€€€

圣艾提安杜蒙教堂

5 圣艾提安杜蒙教堂位于庞大得多的万神殿的阴影下，是左岸的诸多美丽教堂之一，只是经常被遗忘。但它却拥有一件巴黎独一无二的东西：中殿中央那座高雅的石头圣坛屏风。圣坛屏风是哥特式教堂中常见的东西，用于把圣坛或高坛和会众隔开，同时也提供了一个平面，可以悬挂基督教圣像或巨大的十字架。大部分的**圣坛屏风**都在反宗教改革期间被拆除了，但圣艾提安的圣坛屏风却幸存到现代。跟巴黎的许多教堂一样，这间教堂是多种风格的混和体，是巴黎最晚建造的哥特式教堂之一，也最早体现出文艺复兴的影响。虽然在都市化之后看不太出来，但这座教堂其实位于一座以巴黎的守护圣人圣吉娜维芙的名字命名的小山丘顶端，旁边原本有一座纪念这位圣人的修道院。修道院以及圣吉娜维芙的坟墓在伴随法国大革命而来的反宗教情绪中被摧毁。她的**石棺**如今安置在圣艾提安教堂内，里头装着几件圣骨。著名法国剧作家让·拉辛（Jean Racine）和数学家兼哲学家布莱士·帕斯卡（Blaise Pascal）也都葬在这里。教堂每周六晚都会举行演奏会，主角就是那台公元 17 世纪的风琴。

1 place Ste.-Genevieve, 5th arr. · 01 43 54 11 79 · 地铁站：Cardinal Lemoine

行家知识

穆夫塔街（Rue Mouffetard）循着一条罗马时代的道路穿越拉丁区，仿佛一幅巴黎生活的拼贴画。首先，它是一座露天的食品市场，你可以在这里买到去卢森堡花园或植物园野餐所需的全部食材。此外，穆夫塔街也吸引着许多街头艺人，街上还有“忧伤鲨鱼”（Requin Chagrin，门牌 10 号）和“高脚杯”（LeVerre à Pied，门牌 118 号）等风格忧郁的街坊酒吧。海明威曾经住在穆夫塔街旁边的勒莫因主教街 74 号（Rue du Cardinal Lemoine），他的《移动的盛宴》大部分就是在这里写成的。

吕特西竞技场

6 这里曾经是角斗士进行生死格斗的地方，如今却有老先生在这座罗马竞技场的废墟里玩草地滚球，附近就是植物园（见 62 页）。当蛮族在公元 3 世纪末洗劫巴黎时，这座竞技场受到严重破坏，后来就被埋藏、遗忘了将近 1500 年，直到 1869 年才被意外发现。从那时起，这座露天竞技场就有一部分被挖掘出来进行重建。据估计，它从前可以容纳 1 万至 1.7

若想逃离该区熙来攘往的街道，大清真寺静谧的花园是个好去处。

万名观众，大家都挤在石头看台上观赏体育竞赛、马戏团表演和戏剧演出。废墟还包含了有铁条的**动物笼子**以及一座有声学壁龛的**石头舞台**，可以在演戏或演讲时制造扩音效果。

47 Rue Monge, 5th arr.· 地铁站：Cardinal Lemoine、Jussieu 或 Place Monge

巴黎大清真寺

7 在看完该区这么多哥特式教堂之后，大清真寺堪称一种视觉震撼。整栋建筑都是高雅的穆德哈尔式设计，从马蹄形拱门和装饰瓷砖到任何人都能造访的**花园**内的宁静露台，还有八角形的圆顶以及一座 33 米高的尖塔傲视着这一地区。这是法国最大的伊斯兰礼拜中心，创建于上个世纪 20 年代早期，旨在对殖民地数十万曾在第一次世界大战期间和法国军队并肩作战（而且多数阵亡）的穆斯林表达国家的谢意。建材与装饰——黎巴嫩雪松、北非的铜、波斯地毯都是从穆斯林世界搜集来的。第二次世界大战期间，清真寺的法典说明官曾为好几十个犹太人提供穆斯林的身份证明文件，帮他们逃过被送往纳粹死亡集中营的命运。清真寺的**土耳其浴场**对外开放，没有宗教限制（39 Rue St.-Hilaire，01 43 31 38 20，周二及周日对男性开放；周一、三、四、六对女性开放）。院内还有一个专卖北非工艺品的**小型市场**，以及供应中东美食的**餐厅**。到有屋顶的露台享用一杯地道的摩洛哥薄荷茶吧。

植物园里浪漫的玫瑰花园。每年5月和6月是盛开期。

2 bis, place du Puits de l'Ermite, 5th arr. · la-mosquee.net · 01 45 35 97 33 · € · 周五及穆斯林节日不对外开放 · 地铁站：Place Monge、Censier Daubenton 或 Jussieu

植物园

8 这片位于拉丁区东缘的绿地具有双重功能，既能让群众开心，也是一家研究机构的所在地。占地28公顷的植物园可以让游客玩上好几个小时，特别是带着年纪较小的孩子的游人。这里的**动物园**（**Menagerie**）是世界最古老的动物园之一，第一批动物是法国大革命期间从凡尔赛宫没收来的皇家收藏。这里有超过1000只动物，包括罕见的小熊猫和云豹。**国家自然历史博物馆**（**Musée National d'Histoire Naturelle**）也在这座花园里。千万别错过博物馆**大演化厅**（**Grande**

拉丁区

Galerie de l'Evolution）里那一长排动物标本，它们正穿越一片仿造的非洲草原。也别错过**古生物厅**（**Galerie de Paléontologie**）里展示的大型恐龙和鸟类骨架。植物爱好者会喜欢花园里世界级的植物收藏，特别是**高山花园**里来自阿尔卑斯山、比利牛斯山和喜马拉雅山的2000多个物种以及**玫瑰园**。最近才刚翻修、用玻璃和钢铁打造的**温室**（**Grandes Serres**）展示着来自新加利多尼亚的170个品种的热带植物。一定要到山坡上那座紫杉树篱建成的**迷宫**去走走，找到最中心的那座凉亭，俯瞰巴黎美景。

第5区的吉福罗伊圣伊莱尔（Rue Geoffroy St.-Hilaire）、居维叶街（Rue Cuvier）和圣柏纳码头（Quai St.-Bernard）都有入口 · mnhn.fr · 01 40 79 56 01 · 温室、动物园和博物馆：€~€€ · 每周二及5/1休息 · 地铁站：Gare d'Austerlitz、Censier Daubenton或Jussieu

阿拉伯文化中心

9 建于上个世纪80年代的阿拉伯文化中心（Institut du Monde Arabe）是一栋不折不扣的现代建筑，和大清真寺（见61～62页）的传统设计形成强烈对比，是阿拉伯与伊斯兰教的文化与研究机构，是建筑师让·努维尔的经典之作。南侧有一面巨大的**玻璃与金属屏幕**，上面的几何图案具有光敏性的开口，能控制进入建筑物的阳光量。机构中有一家图书馆，一座表演音乐、舞蹈和戏剧的演艺厅，还有占了三个楼层的**博物馆**展厅，展示来自阿拉伯世界的现代与古代工艺品。最重要的顶楼（9楼）有一家黎巴嫩餐厅（见59页美食推荐）以及一座视野绝佳的**露台**。

1 Rue des Fossés St.-Bernard, 5th arr. · 01 40 51 38 38 · 博物馆：€€ · 周一休馆 · 地铁站：Jussieu、Cardinal Lemoine或Place Monge

旅游达人

从阿拉伯文化中心往上游走一小段路，有一座提诺罗西花园（Jardin Tino Rossi），就在圣柏纳码头上。这座滨水的雕塑花园展示着国际艺术家的作品。在夏天的傍晚，这里会有露天的免费舞蹈课程，从萨萨（salsa）和探戈（tango）到说唱（hip-hop）都有。

克吕尼博物馆

这座复合式建筑融合了哥特式住宅、罗马浴场
以及古怪的中世纪花园。

《散步图》：一幅500年历史的百花纹挂毯。

这家博物馆的官方名称是“国家中世纪博物馆”（Musée National du Moyen Age），但巴黎人通常称它为克吕尼博物馆。在公元19世纪早期，这栋左岸宅院的主人是狂热的艺术品收藏家与业余考古学家亚历山大·索美哈。1842年他去世后，政府买下了他的房子和收藏品，将其变成了一座中世纪艺术博物馆。馆藏包括挂毯、雕塑、彩绘玻璃、黄金与象牙物件以及家具。

■市内宅邸

尽管大本营位于法国东部的克吕尼，但在公元14世纪时，政治敏感度极佳的修道院院长们还是在巴黎安排了一个住所，以便接近皇宫和附近的大学。目前这栋建筑大部分出自公元15世纪晚期的修道院院长贾克·安布瓦斯之手，被命名为“克吕尼旅馆”（Hotel de Cluny）。精心修复的神父宅邸——特色是装饰性塔楼、有垛口的墙壁和带有老虎窗的陡峭屋顶——是哥特式建筑的一个出色案例，特别是**小礼拜堂**和法国火焰式的圆顶（20室）。

■中世纪宝藏

博物馆的特色是中世纪的装饰艺术品，特别是丰富的挂毯收藏。其中镇馆之宝是《**仕女与独角兽**》，一套共六幅挂毯，陈列在中央圆顶底下（13室）。它们是公元1484年至1500年期间在荷兰织成的，使用的是羊毛和丝线。其中五幅描绘的分别是五种感官，第六幅描绘的则是情欲，写有“我唯一的欲望”字样。

别错过

从公元15世纪建成时开始，克吕尼旅馆的花园就历经了多次改变，最近一次在2000年，是异想天开的中世纪风格。“独角兽森林”的灵感来自那几幅知名的挂毯，“厨房花园”里种满了中世纪的人爱用的药草与蔬果，而“花田”则是根据博物馆的百花挂毯设计的。

■罗马浴场

浴场构成了一楼的一部分，是公元1世纪至3世纪之间建成的，当时的巴黎是一座欣欣向荣的高卢罗马城镇。由于装饰的主题都跟海洋有关，所以这座浴场很可能是由巴黎的船工工会出资建造的，据说后来被入侵的蛮族摧毁。冷水浴室（第9室）展示着古典时期的工艺品，可以找找“**水手柱**”，还有一幅名叫《**骑海豚的爱神**》的马赛克镶嵌画残片。温水浴室、热水浴室和健身房的遗迹也都还看得见。

拉丁区

6 place Paul Painlevé, 5th arr. · musee-moyenage.fr · 01 53 73 78 00 · €€ · 每周二、1/1、5/1、12/25休馆 · 地铁站：Cluny-La Sorbonne或St.-Michel

存在主义者与知识分子

众所周知，左岸是牢骚满腹的知识分子、志向远大的作家和放荡不羁的艺术家最爱去的地方。这样的印象主要是在上个世纪 20 年代到 50 年代之间形成的，也就是从美国“失落的一代”开始，直到法国存在主义的最高峰。由于巴黎自由表达意见的风气盛行，法国和外国作家受到吸引，占据了这儿的酒吧、咖啡馆和沙龙，从他们投奔的这座城市汲取灵感。

哲学家、女性主义理论家与作家西蒙·波伏娃（上）；莎士比亚书店（右）吸引着爱书人。

作家飞地

1920 年代，受巴黎的自由风气与心灵刺激吸引，美国、英国和爱尔兰作家纷纷涌向巴黎，包括埃兹拉·庞德、詹姆斯·乔伊斯、恩尼斯特·海明威、F. 史考特·费兹杰洛德、珍·李斯、亨利·米勒以及乔治·奥威尔。一些在本国被禁的书，如乔伊斯的猥亵文学大作《尤利西斯》（1922 年）和米勒色情露骨的《北回归线》（1934 年），在巴黎都可以印刷出版。

蒙帕拿斯之咖啡馆人生

有些作家受到一些美国人的赞助，例如席薇亚·比奇（见右页边栏）和极端现代主义者葛楚德·斯坦。斯坦在卢森堡花园旁的弗勒吕斯街（Rue de Fleurus）还有一间沙龙。但在那个时代，知识分子的主要生活圈还是蒙帕拿斯一带的咖啡馆，特别是**圆厅**（**La Rotonde**，蒙帕拿斯大道 105 号）和**圆顶**（**Le Dome**，108 号）。海明威的《太阳照常升起》（*The Sun Also Rises*）大部分都是在**紫丁香花圃**（**La Closerie des Lilas**，171 号）的一张咖啡桌前写成的。

圣日耳曼名人

1940 至 1944 年德军占领期结束后，知识分子的咖啡馆生活重心就往北移到了圣日耳曼。在引领潮流的存在主义运动里，作家与哲学家尚保罗·萨特和西蒙·波伏娃都是超级巨星，两人经常光顾**双叟咖啡馆**（6 place St.-Germain-des-Pres, 6th arr.）或**花神咖啡馆**（172 blvd. St.-Germain, 6th arr.）。战后那些年里，他们成了自觉理想幻灭的一代人名义上的领袖。

如今，左岸的咖啡馆依然是许多法国知识分子与作家的流连之地，但就人数而言，他们已远远敌不过成群的游客。

莎士比亚书店

美国人西尔维亚·比奇于 1919 年开办了这家名为“莎士比亚与朋友们”的英文书店。在上个世纪二三十年代，她位于第 6 区欧迪恩街（Rue de l’Odeon）12 号的房子是很多自我放逐海外的作家的避风港。比奇的书店于 1941 年关闭，但今日的莎士比亚书店依然保留着它的名字与传统，只是位置搬到了圣母院对面，过了双桥（Pont au Double）就能抵达（37 Rue de la Bucherie, 5th arr.）。

拉丁区

顶级美食

高级料理在巴黎发展得很好，有许多的知名餐厅可供游客选择。这些传奇餐厅里的大厨们，全部加起来已经获得了 16 颗米其林之星。在这种餐厅用餐不只是吃顿午餐或晚餐，而且是一场难忘的经历。

■银塔餐厅（La Tour d' Argent）

传奇人物克劳德·特海 2006 年去世后，他的儿子安德烈·特海接管了拉丁区这家历史悠久的餐厅。安德烈为餐厅注入了新的内容，同时又保留了它的许多传统，包括著名的“银塔招牌酱烤鸭”（canard Tour d'Argent）、狗鱼肉汤圆（quenelles de brochet）以及一份很棒的酒单。

15 Ile de la Cité de la Tournelle, 5th arr.，01 43 54 23 31，€€€€€

■L'Épicure

名厨埃里克·弗莱甸（Éric-Frechon）在香榭丽舍大道以北的巴黎布里斯托酒店获得了令人艳羡的米其林三星荣誉。蓝龙虾配栗子和佩里戈尔整颗黑松露配耶路撒冷洋蓟都是他吸引用餐者的法宝。这间阳光普照的餐厅是酒店的夏日露台。

112 rue du Faubourg St.-Honoré, 8th arr.，电话：01 53 43 43 40，€€€€€

■皮耶·加尼耶餐厅（Pierre Gagnaire）

大厨皮耶·加尼耶在世界各地都有分店，但他还是认为他位于香榭大道北侧的这家成名店是“心脏”。餐厅与外界隔绝，高雅低调。从第一道招待的小点心到最后一道小甜品，没有什么能让你在享用那一系列令人难以招架的新颖菜肴时分心。

6 Rue Balzac, 8th arr.，01 58 36 12 50，€€€€€

■勒度瓦扬餐厅（Ledoyen）

香榭丽舍大道附近这座庄严的新古典楼阁是一座美食的圣殿。这里的第一家餐厅出现在公元 1779 年，当时附近还有人在放牛。从那时起，这家餐厅就满足着王室、文人及贵族的口腹之欲。雅尼克·亚兰诺（Yannick Alléno）主厨用经典的法国菜佐以与上等浪漫的环境相称的酱汁，盛情款待前来用餐的客人。

1 ave. Dutuit, 8th arr.，01 53 05 10 00，€€€€€

在阿尔佩吉餐厅，亚兰·帕萨用简单的材料烹煮出细致的口感。

■阿尔佩吉餐厅（L'Arpege）

亚兰·帕萨那些品质优异的蔬果都是来自他自己的农场，但巴黎荣军院附近的阿尔佩吉餐厅的餐点可是一点也不粗糙。是的，菜单上有肉、鱼和家禽，但帕萨能够成为今日最有影响力的厨师之一，靠的却是他用菜园蔬果做出来的好菜。

84 Rue de Varenne, 7th arr.，01 47 05 09 06，€€€€€

■阿斯特兰斯（L'Astrance）

这是巴黎的三星级餐厅中最不正式的一家，位于 Trocadero 附近。这间高顶的三星级餐厅位于特罗卡德罗花园附近，一次只能接待 25 名客人一同用餐，是帕斯卡·巴博特（Pascal Barbot）主厨尽情释放想象力进行烹饪的舞台。他的招牌薄饼里包的是生蘑菇薄片加泡过酸果汁的鹅肝酱，已经成为新的经典。

4 Rue Beethoven, 16th arr.，01 40 50 84 40，€€€€€

TS

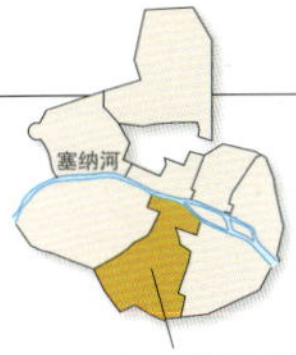

圣日耳曼与蒙帕拿斯

这两个区从塞纳河往南延伸到蒙帕拿斯墓园，艺术气息依旧很浓郁，墓园中的墓碑纪念着过去经常造访此地咖啡馆与花园的知名作家、艺术家、哲学家和知识分子。今天，虽然圣日耳曼的活泼气氛促成了时髦的商店与时尚精品店的兴起，但你还是可以在展示着艺术家尤金·德拉克瓦（Eugene Delacroix）和欧西普·札特金（Ossip Zadkine）作品的博物馆内感受到那段富有创意的历史。到巴黎最受欢迎的公园卢森堡花园逛逛，享受一下远离尘嚣的感觉。圣日耳曼德佩教堂和圣叙尔皮斯教堂都不乏有趣的历史和建筑。想一睹壮观的市景，可前往蒙帕拿斯大楼（Tour Montparnasse）的56层。

◀ 圣日耳曼德普雷教堂旁的双叟咖啡馆是个受欢迎的酒吧。

圣日耳曼与蒙帕拿斯

探索巴黎中心的公园与艺廊。

❶ **德拉克罗瓦博物馆**（Musée Delacroix，见74页）浪漫主义艺术家尤金·德拉克瓦的公寓、工作室以及私人花园都在巴黎一座迷人的小广场上。沿着佛斯坦柏格街（Rue de Furstemberg）往南走，然后沿着修道院街（Rue de l'Abbaye）西行。

❷ **圣日耳曼德佩教堂**（Eglise St.-Germain-des-Pres，见74页）这是巴黎最古老的教堂，原本是一座本笃会修道院，历史悠久。沿着波拿帕特街（Rue Bonaparte）往南走。

❸ **圣叙尔皮斯教堂**（Eglise St.-Sulpice，见75页）这座大教堂内不只有尤金·德拉克罗瓦的壁画，还有全世界最棒的风琴。沿着老克隆比耶街（Rue du Vieux Colombier）往西走，然后往南转入塞夫勒街（Rue de Sevres）。

❹ **巴黎大食品行**（La Grande Epicerie de Paris，见75页）这不只是一间杂货店，还是一座味觉的宝库，有数以千计的美食产品。沿着格雷格瓦神父街（Rue de l'Abbé Gregoire）往南走，然后沿着阿萨街（Rue d'Assas）朝东南方前进。

❺ **卢森堡花园**（见75～76页）在巴黎最受喜爱的公园内欣赏数以百计的树木、花朵、雕像和喷泉。从西南角的门出去，然后沿着阿萨街往东南方走。

❻ **查德金美术馆**（Musée Zadkine，见76页）这家美术馆收藏着俄裔雕刻家与艺术家欧西普·札特金的一系列作品。沿着乔瑟夫巴哈街（Rue Joseph Bara）往西南方前进，然后先右转再左转，进入谢弗赫斯街（Rue de Chevreuse）。右转进入Boulevard du Montparnasse，然后在余伊琼街（Rue Huyghens）转向南行。

❼ **蒙帕拿斯墓园**（Cimetiere du Montparnasse，见76页）这是许多作家、艺术家、哲学家、音乐家和演员的长眠之地。从北侧出口离开，沿着艾德嘉基内大道（Boulevard Edgar Quinet）往西走。

❽ **蒙帕拿斯大楼**（Tour Montparnasse，见77页）从这栋摩天大楼的56层可以360度俯瞰巴黎的壮观景致。

圣日耳曼与蒙帕拿斯 / 距离：约5公里
所需时间：6至7小时 / 地铁起乘站：St.-Germain-des-Pres

德拉克罗瓦博物馆

❶ 浪漫派艺术家尤金·德拉克罗瓦（Musée Delacroix）于公元1857年搬到这里以便在附近的圣叙尔皮斯教堂工作（见右页），他在那里绘制的壁画为他赢得了法国一流艺术家的美誉。这家博物馆于1971年成为国家机构，包括这位画家的公寓、工作室和私人花园。从他最受赞扬的作品**《沙漠中的抹大拉》**到他的少数几幅自画像之一**《雷文斯伍德自画像》**，展出的绘画、粉彩、水彩、素描和草稿几乎涵盖了他的所有创作阶段。展示的纪念物包括这位艺术家的画架、颜料盘、私人信件以及他摩洛哥之旅的物件。你也可以在他心爱的花园里逛逛。

6 Rue de Furstemberg, 6th arr. · musee-delacroix.fr · 01 44 41 86 50 · 每周二、1/1、5/1、12/25休馆 · € · 地铁站：St.-Germain-des-Pres或Mabillon

美食推荐

■ **LE CAFÉ DE LA MAIRIE**
这家咖啡馆离圣叙尔皮斯教堂很近，供应三明治和热腾腾的餐点。
8 place St.-Sulpice, 6th arr.，01 43 26 67 82，€€

■ **LA CLOSERIE DES LILAS**
毕加索、海明威和让-保罗·萨特曾经用过餐的传奇酒馆。
171 blvd.du Montparnasse, 6th arr.，电话：01 40 51 34 50，€€€

■ **SEMILLA**
在布西街（rue de Buci）旁提供现代烹饪菜肴的小酒馆。
54 rue de Seine, 6th arr.，电话：01 43 54 34 50，€€

圣日耳曼德佩教堂

❷ 巴黎这座最古老的教堂于公元542年由国王希尔德贝（Childebert）建成，原本是一所有钱有势的修道院的一部分。当今的建筑物建于公元11世纪，但内部保留了某些**公元6世纪的柱子**，还有哥特式拱顶和罗马式拱门。法国大革命时期，一群暴民在9月大屠杀期间冲进了修道院的牢房，此后修道院就关闭了。那段时期有许多疑似反革命分子遭到杀害。后来，修道院被用来贮存火药，但1794年火药爆炸，摧毁了周围的许多建筑。到了公元19世纪才对教堂进行大规模的修复。现代哲学之父**笛卡尔**（Rene Descartes，1596～1650）的坟墓就位于这栋灯光昏暗的建筑物内。

3 place St.-Germain-des-Pres, 6th arr. · 01 55 42 81 33 · 地铁站：St-Germain-des-Pres

圣叙尔皮斯教堂

③ 这是巴黎第二大的教堂（仅次于圣母院，见 48 ～ 49 页），建筑工程始于公元 1646 年，总共用时超过 100 年。入门右手边的礼拜堂饰有三幅德拉克瓦的美丽壁画——《**雅各布对抗天使**》《**圣米歇尔屠龙**》以及《**赫利奥多鲁斯**》。这座教堂还拥有巴黎最大的管风琴。周日的弥撒结束后，空气中还会久久回荡着从 6588 根管子里飘散出来的旋律。

Place St.-Sulpice, 6th arr. · 01 46 33 21 78 · 地铁站：St.-Sulpice

法国作家雨果的婚礼就是在圣叙尔皮斯教堂举行的。

巴黎大食品行

④ 任何人都会喜欢这座满是美食惊喜的巨大商店。每天早上都会有 20 位烘焙师和 25 位糕点师傅制作奶油可颂、70 种特制面包、艺术造型的长条状泡芙、小甜点和其他几十种糕饼。你也可以找到世界各地的冷热料理、57 种瓶装水、数十种橄榄油和好几百种乳酪。别忘了还有**酒窖**。

38 Rue de Sevres, 7th arr. · lagrandeepicerie.fr · 01 44 39 81 00 · 每周日、1/1、复活节的周一、8/15、12/25 休息 · 地铁站：Sevres-Babylone

卢森堡花园

⑤ 这座占地 2.4 公顷的绿地紧邻着卢森堡宫（法国参议院所在地），是巴黎最受喜爱的公园。为了复制自己位于佛罗伦萨的童年家园，皇后玛丽·美第奇于公元 17 世纪早期建造了这座皇宫和花园。如今，公园里满是榆树、苹果树与梨树和井井有条的花圃，还有超过 100 尊雕像，包括一尊**自由女神像**的小型练习作品。**美第奇喷泉**（**Medicis Fountain**）是巴黎最美丽的水景之一。公园是带孩子游玩的好地方，孩子们通常喜欢在八角池塘里玩模型船。游乐区里可以骑小马，还有一个旧式的木偶戏台和一座经典的旋转木马。

行家知识

蒙帕拿斯一名取自希腊神话中诸神居住的那座山。这里曾经是热爱吟诗作词学生的聚集之地，原本的山丘在公元1725年被铲平。后来该区的夜总会和咖啡馆吸引了奋斗中的艺术家与作家，如毕加索、夏卡尔、海明威、费兹杰洛德和乔伊斯，因而声名大噪。

Blvd. St.-Michel, 6th arr. · 01 42 64 33 99 · 地铁站：St.-Placide

查德金美术馆

6 这是20世纪俄裔艺术家欧西普·查德金从前居住的小屋，展示了他的约300件雕塑作品。他的抽象雕塑受立体派启发，为他赢得了国际知名度，巅峰之作就是著名的《毁灭的城市》，纪念第二次世界大战中被摧毁的鹿特丹。除了美术馆内较大的作品之外，你还可以在怡人的小屋花园里看见这件作品的缩小版，名叫《**毁灭城之躯**》。二号厅陈列着他的一些立体派雕塑，如铜雕《**女人与扇子**》和石雕《**美丽的侍女**》。四号厅展示的是木雕（查德金对这种材料特别有兴趣），涵盖了他职业生涯中每一阶段的作品。美术馆也会邀请其他艺术家来举办展览。

100 Rue d'Assas, 6th arr. · zadkine.paris.fr · 01 55 42 77 20 · 每周一及国定假日休馆 · 地铁站：Vavin

蒙帕拿斯墓园

7 1824年，有三座农场被合并在一起，成为了后来巴黎最有名的墓园之一。这座占地19公顷的墓地是30多万人的长眠之所，其中包括许多该地区的杰出人士。你可以在入口处取得免费的地图，一进去就是哲学家让-保罗·萨特和他的伴侣西蒙·波伏娃的**双人冢**。墓园的环境就像一座花园，有铺设过的宽阔步道、喷泉和雕像。可以四处走走，也许会意外发现一些**名人的坟墓**，如诗人波特莱尔、作家苏珊·桑塔格，以及爱尔兰剧作家塞缪尔·贝克特。

3 blvd. Edgar Quinet, 14th arr. · 01 44 10 86 50 · 地铁站：Edgar Quinet 或 Raspail

在蒙帕拿斯墓园，歌迷们依旧缅怀着法国歌手塞尔吉·盖斯伯格（Serge Gainsbourg）。

蒙帕拿斯大楼

8 这栋饱受批评的建筑于1973年启用，有210米高，让该区的一切都显得渺小。主要景点在56层，那里可以360度眺望室外；在晴朗的日子，能见度可达64公里。该楼层展示着巴黎的各种纪念碑，有一段15分钟长的风光片，有摄影展，还有礼品店、酒吧、咖啡厅以及一间名叫**“巴黎天空”（Le Ciel de Paris）**的美食餐厅（01 40 64 77 64，须事先订位，€€€€）。

33 ave. du Maine, 15th arr. · tourmontparnasse56.com · 01 45 38 52 56 · 前往56层的电梯：€€ · 地铁站：Montparnasse-Bienvenue

公园与花园

巴黎的花园是王室、富人和贵族财富与权势的象征，他们创造了田园般的景致，用来举行奢华派对、休闲活动和戏剧表演。几个世纪以来，法国的花园随着时代风尚历经了几番变化。然而，最具影响力也最经久不衰的是“正式花园”(formal garden)——这是我们心目中法式花园的经典。

巴黎的几座公园都有模型船出租（上）。很多人夏天都喜欢到卢森堡公园休息晒太阳（右页）。

皇家花园 （Royal Gardens）

意大利文艺复兴时期的花园受古典时期对美与秩序的理想所启发，深深影响了所谓的“法式花园”。国王亨利二世的妻子凯瑟琳·美第奇皇后是意大利人，她于公元1564年建造了巴黎最古老的花园之一**杜乐丽花园**（见118～119页），风格为意大利式。到了公元17世纪，景观设计师安德烈·勒诺特（Andre Le Notre）将花园改成了今天的样子。他是法国正式花园的大师，运用几何图形与对称图案来呈现人类掌控自然的力量，从而展现花园主人的权势与名望。

为了缅怀少女时代的花园，另一位意大利皇后玛丽·美第奇于1612年建造了**卢森堡花园**（见75～76页）。到了公元19世纪，建筑师让-弗朗索瓦-特雷瑟·夏尔格兰（Jean-Francois-Therese Chalgrin）对花园进行了修复。园林由一座正式花园、一座“英式”花园、一片树林、草坪和一座果园构成，全部都有小径通过，吸引游客到里面散步休息。

第二帝国的遗赠

今天巴黎的花园是第二帝国时期流行的样式。法国大革命过后，人们舍弃了井然有序、讲究对称的正式花园，转向了重现田园景致的英伦风——湖泊、小桥、废墟和神殿，如**蒙梭公园**（**Parc Monceau**，见 136 页）。与此同时，为了替巴黎人口提供一点新鲜空气，绿地的建造也成了必要之事。公元 19 世纪的都市设计师奥斯曼男爵创造了**布隆森林**（**Bois de Boulogne**）和**文森森林**（**Bois de Vincennes**），景观设计为开放的草地和树林。这些偌大的公园如今依旧是巴黎最大的绿色空间。

现代公园

安德烈雪铁龙公园（Andre Citroen Park）

这座公园于 1992 年启用，所在地原本是一座雪铁龙汽车工厂，如今则是一片中央草坪，有喷泉、温室、一条运河和一些小花园。

Quai Andre Citroen, 15th arr., gardenvisit.com

拉维列特公园

这座大型公园建于上个世纪 80 年代，里面都是现代主义的装饰性建筑，此外还有大量的绿地。这里也有一些主题花园，如一座镜子花园、一片竹林，还有一家科学博物馆（见 35 页）。

Jean Jaures, 19th arr., gardenvisit.com

小型博物馆

巴黎或许以卢浮宫之类的庞大博物馆闻名，但这里也有许多很棒的小博物馆。可以探访简单的艺术馆，包括艺术家、作家和歌手的家，还有一家红酒博物馆。

■ 布尔代勒博物馆 （Musee Bourdelle）

公元19世纪艺术家安东·布尔代勒（Antoine Bourdelle）是罗丹的学生，在他位于蒙帕拿斯的住所、花园和工作室里，到处都有雕塑和其他艺术作品，从21尊夸张的**贝多芬胸像**到希腊神话人物与姿态撩人的**裸女像**。这间博物馆也有罗丹、德拉克瓦和其他艺术家的作品。

18 Rue Antoine Bourdelle, 15th arr. · bourdelle.paris.fr · 01 49 54 73 73 · 周一及国定假日休馆 · €€

■ 雨果故居 （Maison de Victor Hugo）

创作了《悲惨世界》和《钟楼怪人》的法国杰出作家维克多·雨果在1832到1848年间一直生活在玛莱区这间旅馆的二楼，并在这里写下了他的众多巨著。重建过的房间里展示着照片、家具、文件和他在世时的其他纪念物，包括450张草图和素描。

6 place des Vosges, 4th arr. · maisonsvictorhugo.paris.fr · 01 42 72 10 16 · 周一及国定假日休馆

■ 浪漫生活博物馆 （Musée de la Vie Romantique）

这座独具魅力的浪漫生活博物馆原本是荷兰画家阿里·谢弗的家，他于公元19世纪初期到中期居住于此。谢弗有周五晚间沙龙的传统，包括乔治·桑、弗雷德里克·萧邦和欧仁·德拉克罗瓦在内的邻里艺术家和作家都会参与。参观主屋和两个画室后，可以到宁静花园中的咖啡厅坐一坐。乔治·桑的珠宝藏品是博物馆的长期展览之一。博物馆也会举办一些临时展览。

16 rue Chaptal, 9th arr. · 电话：01 55 31 95 67 · 周一和公共假期闭馆 · paris.fr/pratique/musees-expos/musee-de-la-vie-romantique/p5851

■ 葡萄酒博物馆 （Musee du Vin）

特罗卡德罗花园（Jardins du Trocadero）附近有一所公元15世纪的修道院，底下的中世纪地窖四面都是石墙，法国斟酒人协会（Conseil des Echansons de France）

布尔代勒博物馆大厅。

的博物馆就在这里，该协会是高级法国葡萄酒爱好者的团体。摆件、蜡像和葡萄酒瓶、开瓶器和醒酒瓶等手工制品展现了自古以来的葡萄栽培酿酒技术。博物馆内有商店和餐厅，您可以在这里享受专家为您带来的品酒体验。

5/7 square Charles Dickens, 16th arr. · 01 45 25 63 26 · 每周一、1/1、12/25~31 休息 · museeduvinparis.com

■ 马蒙丹与莫奈博物馆（Musee Marmottan-Claude Monet）

艺术史学家保罗·马蒙丹于1932年将他位于布隆森林边缘的房子和他所收藏的大量文艺复兴时期、执政官时期和第一帝国时期的艺术品全都留给了法兰西学院。这些藏品于1966年再次扩充，印象派艺术家莫奈的儿子捐出了65幅父亲的作品，包括几幅《**睡莲**》和鲁昂大教堂系列中的《**印象日出**》。

2 Rue Louis Boilly, 16th arr. · 01 44 96 50 33 · 每周一、1/1、5/1、12/25 休馆 · marmottan.fr

圣日耳曼与蒙帕拿斯

夏特勒与雷阿勒

有超过 800 年时间，巴黎的中央食品市场都位于雷阿勒区。如今该区的主角是哈勒广场购物商场（Forum des Halles），旁边的小街道上有很多肉铺、小市场和食物店，可以让你体验到在全盛时期跑到“巴黎的肚子里”是什么感觉。在东侧，几条巴黎最古老的街道环绕着现代主义的蓬皮杜中心——那是世界首屈一指的当代艺术中心。往南走就会来到市政府（Hotel de Ville），这里自公元 14 世纪以来就是巴黎市政府的所在地，巴黎的主要港口也曾经位于此地。夏特勒广场（Place du Châtelet）标记出一座消失已久的堡垒的位置，这座碉堡曾经守护着一扇城门。整个区域就像一座满是纪念碑的宝库。

◀ 圣厄斯塔许教堂（Église St.-Eustache）服务过不少大名鼎鼎的教区居民，包括黎塞留主教、莫扎特和蓬巴杜夫人。

夏特勒与雷阿勒

夏特勒与雷阿勒

在巴黎原本的中央市场周边有世界最棒的当代艺术博物馆，也有许多历史悠久的广场和街道。

❶圣厄斯塔许教堂（Eglise St.-Eustache，见86页）第一站是圣厄斯塔许教堂，这是一座未完成的哥特式建筑经典。沿着朗比托街（Rue Rambuteau）往东走，然后在皮耶雷斯寇街（Rue Pierre Lescot）转向南行。

❷哈勒广场与花园（Forum & Jardin des Halles，见86～87页）原本的中央市场现在是一座巨大的公共花园，下面是一座地下购物商场。

❸无辜者喷泉（Fontaine des Innocents，见87页）这座美丽的文艺复兴风格喷泉坐落在乔阿尚杜贝雷广场上（Place Joachim du Bellay），饰有妖精浮雕。沿着柏格街（Rue Berger）继续走下去，穿过塞巴斯托波大道（Boulevard de Sebastopol），然后走两个街区到蓬皮杜中心。

❹ 蓬皮杜中心（见90～91页）国立现代艺术博物馆位于这座文化中心内，建筑物本身就是个景点。沿着奥伯里乐布谢街（Rue Aubry le Boucher）往东走，在狐狸街（Rue du Renard）右转，然后在里沃利街（Rue de Rivoli）左转，抵达市政府广场（Place de l'Hotel de Ville）。

夏特勒与雷阿勒　距离：1.6公里
时间：约4小时 / 地铁起始站：Les Halles

❻ **夏特勒广场**（Place du Châtelet，见88～89页）这个区域原本是一扇巨大的堡垒城门所在地，如今是一座行人广场，前面就是夏特勒剧院和城市剧院。

❺ **市政府**（Hotel de Ville，见87～88页）巴黎市政府内有市长办公室，也会举办展览和公共活动。穿过广场来到河边，转向西行，然后沿着杰斯弗码头（Quai de Gesvres）走四个街区。

圣厄斯塔许教堂

❶这个位置的第一座教堂在公元1223年由一位名叫让·阿拉亚的当地居民所建。阿拉亚借给了腓力-奥古斯特国王一笔可观的资金，为了回报他，国王允许他在邻近的市场抽税：那里每卖出一篓鱼，他都可以抽取1%的税金。于是阿拉亚用赚到的钱建了一座小教堂。现在这座教堂的建筑工程始于公元1532年，用了100多年才完成。结构属于哥特式，外面有飞扶壁，中殿里有肋拱，但内部全是文艺复兴时期的拱门、列柱和柱子。与巴黎许多教堂一样，圣厄斯塔许教堂也在法国大革命期间遭到洗劫，后来还被当成谷仓使用。如今，修复过的教堂内有安东·苏利尼亚克于1632年打造的**彩绘玻璃窗**、几幅彼得·保罗·鲁本斯的画（包括《**恩茅斯的朝圣者**》），旁边的一座小礼拜堂里还有一尊雷蒙·梅森的现代雕塑《**蔬菜水果于1969年2月28日离开巴黎中心**》。这座教堂有很深的音乐传统（李斯特和柏辽兹都曾在此演奏），里面的**范登赫佛风琴**有8000根管子，是巴黎最大的风琴之一。

2 impasse St.-Eustache, 1st arr. · 01 42 36 31 05 · 地铁站：Châtelet或Etienne Marcel

哈勒广场与花园

❷从公元12世纪到1969年，巴黎的中央市场一直都在雷阿勒。市场一开始是露天的，但在公元1181年，腓力-奥古斯特国王建了两座大厅为织造业者遮风避雨；到了公元1543年，国王方斯华一世又增建了更多建筑来改善市场卫生。该区一直到公元19世纪50年代都还为卫生问题所困，当时拿破仑三世下令进行改善，包括打造由建筑师维克多·巴尔塔设计的钢铁与玻璃凉亭。市场于1969年迁到了巴黎南方的朗吉（Rungis），巴尔塔的凉亭也被拆除。唯一残留的旧市场建筑物是**期货交易所**（**Bourse du Commerce**），那是一座圆形建筑，位于曾被当作谷物市场的花园西端。现今的**雷阿勒广场**建于1979年，是一座地下

购物中心，顶上则是**公共花园**，有林荫步道、草坪、一间热带温室以及一座儿童花园。

第 1 区，Rue de Rivoli 旁 Rue des Halles · 地铁站：Châtelet

无辜者喷泉

3 巴黎唯一一座文艺复兴风格的喷泉建于公元 1549 年，为了纪念国王亨利二世第一次进入巴黎。这座喷泉原本依傍着无辜圣者墓园（Cimetiere des Sts.-Innocents）的围墙，就在 Rue Berger 和 Rue St.-Denis（圣丹尼斯街）的交叉口；贵族们把它当作看台，以便观赏亨利的游行队伍。这座巨大的喷泉由卢浮宫的建筑师皮耶 · 雷斯寇设计（见 122 ～ 125 页），雕刻师让 · 古琼以罗马凯旋门的风格为它进行装饰，科林斯式列柱之间有小天使和头戴面纱的妖精**浮雕**在倒水。1810 年，基座周围的浅浮雕被搬到了卢浮宫，以免它们被巨大黄铜喷泉里流出的水侵蚀殆尽。

Place Joachim du Bellay, Rue St.-Denis, 1st arr. · 地铁站：Châtelet

流水沿着无辜者喷泉阶梯状的底座流泻而下，上面饰有天使和妖精。

蓬皮杜中心

4 见 90 ～ 91 页

Place Georges Pompidou, 4th arr. · centrepompidou.fr · 01 44 78 12 33 · 国立现代艺术博物馆：€€€，进入六楼走道：€ · 每周二及 5/1 休馆 · 地铁站：Rambuteau 或 Châtelet

市政府

5 自公元 11 世纪以来，巴黎市政府就在公民生活中扮演着重要角色。公元 1264 年，在国王路易九世的支持下，商人们选出了第一批市政府官员。公元 1357 年，督察长埃提安·马歇尔在塞纳河畔买了一栋房子以供开会之用；从那时起，市政府就一直设在那个地点。1871 年发生暴动时，这栋建于 1628 年的建筑被焚毁。市政府目前的样貌——有角塔和精细的石工等复杂装饰——是 1874 年至 1882 年间大力修复的结果，正面饰有代表法国城镇的 30 尊雕像以及 108 尊在巴黎出生的名人雕像。大钟上方是一尊寓意巴黎的雕像。建筑物内部是市长办公室和办公空间。

公元 1830 年之前，**市府广场**（**Place de l'Hôtel de Ville**）名为"格雷夫广场"（Place de Grève）。格雷夫（Grève）是"海滩"或"河岸"的意思，贸易者和商人把这个地点当作一个河岸港口，将他们的商品运进城市。"罢工"一词（faire la grève）就是在这里起源的，因为不满的工人都聚集在这里进行抗议。如今这座广场被用来举行音乐会、庆典和其他活动。

29 Rue de Rivoli, 4th arr.・paris.fr・01 42 76 40 40・只供团体参观：须预约，01 42 76 54 04・地铁站：Hotel de Ville

夏特勒广场

6 这座行人广场的名字得自"大夏特勒"（Grand Châtelet）。这是一扇公元 12 世纪的堡垒城门，原本守护着西岱岛，后来里面有了法院、警察办公室和监狱，其恶劣的环境比附近的巴士底监狱更加令人害怕。拿破仑于公元 1808 年摧毁了这座堡垒，创造了今日的广场。广场中央是**棕榈喷泉**（**Fontaine du Palmier**），上面有一根 1808 年立的柱子，为的是光耀拿破仑在埃及和意大利的胜利。面对广场的是两家奥

美食推荐

■ LA REGALADE ST.-HONORE
这是经典的畅饮餐厅的第二家分店，位于哈勒花园附近，供应大厨布鲁诺·杜谢的季节性小酒馆料理。
123 Rue St.-Honore, 1st arr.，01 42 21 92 40，€€

■ SPRING
这家餐厅位于雷阿勒附近，美国大厨丹尼尔·罗斯根据市场——还有他的心情——来决定每晚那份六道菜套餐的内容。
6 Rue Baillel, 1st arr.，01 45 96 05 72，€€€€

■ LA TOUR DE MONTLHERY, CHEZ DENISE
这家以肉食为主的经典餐厅位于哈勒广场东边，可以感受到旧市场的往日风情。5 Rue des Prouvaires, 1st arr.，01 42 36 21 82，€€€

市政府广场上立着一座暂时性的雕塑装置。

斯曼时代的剧院：**城市剧院**（2 place du Châtelet, 4th arr., theatredelaville-paris.com，01 42 74 22 77）以及上个世纪60年代早期由建筑师让-安东-加百列-大卫乌设计建造的**夏特勒剧院**（1 place du Châtelet, 1st arr.，Châtelet-theatre.com，01 40 28 28 40）。旁边的花园以**圣贾克塔**（**Tour St.-Jacques**）为重点，那是一座哥特式塔楼，原本所属的教堂在法国大革命后被摧毁。教堂由屠夫工会所建，从前的朝圣者在前往西班牙圣地圣哥-德孔波斯特拉（Santiago de Compostela）时会把它当作旅途上的一个会合点。

Quai de la Megisserie/blvd. de Sebastopol, 1st & 4th arr.・地铁站：Châtelet

蓬皮杜中心

蓬皮杜中心是一家文化机构，展示现代与当代视觉艺术、音乐、表演和影片。

由于很多东西都装在外面（如手扶电梯），蓬皮杜中心有了更多的空间可容纳艺术。

蓬皮杜中心由建筑师蓝佐·皮亚诺和理查德·罗杰斯于 1977 年设计，内部的运作系统——电、水、空调——都安装在外部，呈现出一套错综复杂的线路，漆着红、黄、蓝三原色。第 1 层到第 3 层是最受欢迎的公共资讯图书馆，但吸引游客的主要是国立现代艺术博物馆。第 4、第 5 层收藏着从 1905 年至今的各种世界级视觉与多媒体作品，第 6 层则不定期举办展览。

■现代艺术里程碑

参观法国国家现代艺术博物馆，乘坐玻璃扶梯到达位于5层的博物馆入口。博物馆在二层设有艺术展厅，展现了从上个世纪60年代到当今的艺术历史，并聚焦这一时期的重要艺术运动——野兽画派、立体画派和超现实主义画派。展出的画作每年轮换一次。5层的经典作品包括毕加索的**《丑角和戴项链的女人（*Harlequin and Woman with a Necklace*）》**，奥托·迪克斯的**《记者西尔维亚·冯·哈登的肖像（*Portrait of the Journalist Sylvia von Harden*）》**，弗兰西斯·培根的**《房间里的三个人（*Three Figures in a Room*）》**和亨利·马蒂斯为建造法国村庄旺斯的一间小教堂画的习作。

■当代藏品

沿楼梯从5层来到4层，这里展出了上个世纪80年代至今的艺术、建筑和设计。佩特里特·哈里拉伊（Petrit Halilaj）的雕塑《亲爱的，这是你第一次幻化人形（蜘蛛）》，是这位艺术家用金属构造和房屋废墟制作的几个雕像作品之一。当代藏品馆的最后一个展厅展出的是重要跨界艺术家，如巴尼特·纽曼（Barnett Newman）、吉尔·沃尔曼（Gil J.Wolman）和维多利欧·格里高蒂（Vittorio Gregotti）等人新近获得的藏品。

旅游达人

只要花3欧元，就可以跳过博物馆直达蓬皮杜中心的第6层，这里是巴黎景观的最佳观赏位置之一。

■馆中美食

位于6层的餐厅Georges（电话：01 44 78 47 99，€€€－€€€€）独具一格，常常被人比作是斯坦利·库布里克的电影片场，餐厅菜单供应法式、美式和亚洲菜肴。春夏时节，户外露台开放用餐，您可以边享受美食，边欣赏开阔的巴黎美景。

■乔治·蓬皮杜广场

布朗库西工作室（Atelier Brancusi）就像个时间胶囊，几乎跟雕塑家康斯坦汀·布朗库西1957年去世时的状态没什么两样。他的工作室有四个部分经过重新布置，包含了成品以及模特、草稿、工具和家具。广场本身经常展示户外的艺术装置，还有某些巴黎最棒的表演艺术和街头剧场。

Place Georges Pompidou, 4th arr.・电话：01 44 78 12 33・周二和5月1日不开放・国家现代艺术博物馆：€€€；6层走廊：€・地铁：Rambuteau或Châtelet・centrepompidou.fr

美食之都

法国人热爱他们的食物。确实，restaurant（餐厅）一字源自法语的restaurer（修复），而最早的餐厅据说就是1765年在巴黎发源的，当时有一位布隆杰先生专为雷阿勒的工人供应各式猪脚与羊脚汤。不久，完全为“吃”这档子事而成立的商家就如雨后春笋般出现在整个巴黎。最知名的是夏特咖啡馆（Café de Chartres，后来改名为大维福，见121页）——这家餐厅为巴黎人供应精致美食已经超过200年。

大维福餐厅（见121页）一种用巧克力和葡萄柚做成的点心（上）；成立于1820年的E.戴耶汉（E.Dehillerin）是巴黎顶尖的烹饪用品专卖店之一，购物者在这里浏览商品（右页）。

豪华餐厅

布隆杰先生的成功案例鼓舞了许多人。巴黎的第一家豪华餐厅“伦敦大酒馆”（La Grande Taverne de Londres）于1782年开张。这家餐厅的主人是前御用大厨安东·波维耶，他是第一个在公共餐馆把美食和绝佳服务、装潢与醇酒结合在一起的人。到了1804年，巴黎已有超过500家餐厅。

公元19世纪末，奥古斯特·艾斯寇菲引进了“分组系统”（受到他军中岁月的影响），根据一套从大厨到洗碗工的严格阶级制度来管理厨房——这套系统一直沿用至今。艾斯寇菲和他的伙伴西萨·丽兹一起开了丽兹酒店（Hotel Ritz），他在那儿供应的餐点为他赢得了“料理之王”与“王之料理师”的美名。

蓝带学院 （Cordon Bleu）

随着享用精致美食的机会越来越多，人们对烹饪也越来越有兴趣。1896年，法国记者玛荷·迪斯塔创办了料理杂志《蓝带烹饪》（La Cuisinière Cordon Bleu）。这个名字取自一个公元16世纪的骑士团，他们配戴蓝色的丝带来表明自己的身份。为了吸引订阅者，迪斯塔还提供巴黎某些顶尖大厨的烹饪课程。这本杂志和这些课程都极为成功，协助法国料理走出了自己的特色，在世界各地受到欢迎。

米其林评级

1923年，安德烈·米其林在他的驾驶人指南上将最棒的餐厅用一颗星星标示出来。第二次世界大战后，《米其林指南》畅销全世界，巩固了法国人美食专家的称号（见68～69页“顶级美食”）。

巴黎小酒馆

小酒馆（bistro）一词指的是较小的餐厅，老板都在现场——不是在厨房就是在店内，通常以合理的价格供应简单的食物，没有繁复的额外费用。21世纪初，年轻的厨师们带动了“新小酒馆”运动，他们放弃去米其林之星的厨房工作，选择在气氛较为轻松的地方展现自己的创意与技巧。

街头集市与跳蚤市场

要体验巴黎，就必须在巴黎购物，特别是在著名的街头集市和跳蚤市场。尽管拥有悠久的历史，雷阿勒如今知名的却是它的现代化商场——但还是可以到下面这些市场逛逛，跟你的巴黎朋友一起搜寻好货。

■ RASPAIL

每周二和周五早晨，圣日耳曼的这条街道上到处是摊位；但到了周日早晨，它就成了全市最好的有机食品市场。烤土鸡非常美味，也别忘了找找特殊的果酱。

第 6 区 Rue du Cherche Midi 和 Rue de Rennes 中间的 blvd. Raspail・开放时间为周二、周五和周日早上

■ MARCHÉ AUX PUCES DE LA PORTE DE VANVES

这座市场位于蒙帕拿斯南边，范围涵盖了两条大道，贩卖各个时代的各种古董和古玩。早点去才能捞到便宜，拣到最好的货色。

第 14 区 的 Ave. Georges Lafenestre 和 Ave. Marc Sangnier・开放时间：周六和周日早上 7 点至下午 1 点

■ MARCHÉ DES ENFANTS ROUGES

这是巴黎最古老的有顶市场，可以追溯至公元 16 世纪。所在地原本是一座孤儿院，里头的孩子都穿红衣服，市场的名字就是这么来的。在时髦的玛黑区，这里比较像是一个吃午餐或晚餐的有趣地点，没有什么好东西可买。日式和摩洛哥式的外卖摊位东西特别好吃。

Rue de Bretagne, 3rd arr.・周一休息

■ MARCHÉ DE LA BASTILLE

巴士底区有巴黎最大、最令人印象深刻的市场，最有名的是新鲜食物（乳酪很棒）。由于商品种类繁多，从食物、衣物到厨房用具等应有尽有，所以深受巴黎人喜爱。

第 11 区 Rue Amelot 和 Rue St.-Sabin 之间的 Blvd. Richard Lenoir・开放时间：周日及周四早上

■ MARCHÉ D'ALIGRE

这座市场离巴士底广场很近，有很多色彩丰富的果蔬摊位。在附近的阿利格广场，名叫“波佛”（Beauvau）的有顶市场专卖乳酪和肉制品。这里也有一座小型跳蚤市场。

第 12 区 Rue Charenton 和 Rue du Faubourg St.-Antoine 之间的 Rue d'Aligre・周一休息

在圣乌恩德克里依古跳蚤市场可以买到与众不同的便宜货。

■ Batignolles

这是巴黎最古老的有机市场之一，每周六早上贩卖新鲜农产品和很棒的外带食物。饕客们把蒙马特的这座市场视为在巴黎享用美食的最佳地点之一。

第 17 区 Rue des Batignolles 和 Rue Boursault 之间的 Blvd. des Batignolles・每周六早上开放

■ Marché aux Puces St. Ouen de Clignancourt

这座市场位于蒙马特北边，是世界最棒的市场之一，共有超过 2500 家店面和摊位，分布在一片迷宫般的小巷道之间，贩卖的东西从古董到废弃物都有。买高级古董可以到 Biron（门牌 85 号），买古典家具可以到 Serpette（门牌 110 号）；Paul Bert（96 号）卖的是最新的艺术品和收藏品，而 Vernaison（99 号）则是从玩具到纺织品都有。

第 18 区 ave. Michelet 和 Rue Jean-Henri Fabre 之间的 Rue des Rosiers・周六、周日、周一营业

Le Menu du Jour
15
*feuilleté de chèvre
*Pintade sauce Tandoori

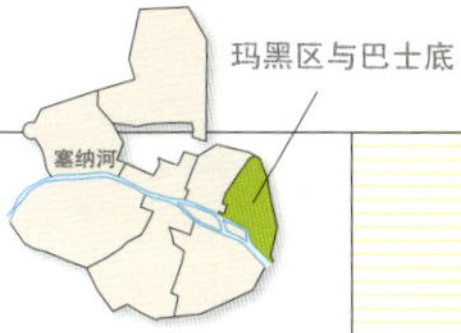

玛黑区与巴士底

这是巴黎最古老、最有气氛的地区之一，原本是一片沼泽地（“玛黑”一词就是“沼泽”之意）。中世纪时，人们抽干了沼泽、盖起了房子。文艺复兴时期，该区兴盛起来，有钱的贵族纷纷在这里建造高墙环绕的豪华别墅（hotels particuliers）。附近就是巴士底狱，也就是引发法国大革命的那场著名战役的发生地点。后来该区进入一段漫长的衰退期，很多气派的别墅都沦为空屋。到了上个世纪60年代，“玛黑之友”注意到他们的建筑遗产有一大部分已经濒危，于是游说市政府修复了那些破败中的别墅。很多公馆都成了博物馆、图书馆和政府办公室。

◀ 玛黑区狭窄的街道两侧都是咖啡馆和餐厅，你可以在这停留、休息、观察人群。

玛黑区与巴士底

从巴士底广场出发，穿过旧玛黑区的狭窄街巷与宏伟庭院，体会文艺复兴时期的巴黎。

❺ **寇尼亚克杰博物馆**（Musee Cognacq-Jay，见102～103页）欣赏撒马利坦百货公司创办人收藏的公元18世纪珍藏品。出博物馆后右转，沿着艾尔杰维街（Rue Elzevir）前进，然后左转进托里尼街（Rue de Thorigny）。

❻ **毕加索博物馆**（Musee Picasso，见106～107页）这位西班牙知名画家的作品有3000多件，可以在这里看到一部分，此外还有毕加索个人收藏的马蒂斯、德加以及塞尚的作品。出了博物馆之后右转进入珍珠街（Rue de la Perle），然后左转进入神殿老街（Rue Vieille du Temple），再右转进入法兰克布尔乔亚街（Rue des Francs Bourgeois）。

❹ **卡纳瓦雷博物馆**（Musee Carnavalet，见102页）探索巴黎的历史，然后继续沿着Rue des Francs Bourgeois往西走，前往寇尼亚克杰博物馆。

❸**佛斯吉广场**（Place des Vosges，见101页）停下来欣赏巴黎最完美的广场。从广场西北侧走出去，沿着Rue des Francs Bourgeois往下走两个街区。

❷ **贝屯苏利公馆**（Hotel de Bethune-Sully，见100页）这栋雄伟的公元17世纪别墅里有一家书店，可以进去看看，然后穿过漂亮的花园，走出大门到佛斯吉广场。

❼ 国家档案库（Archives Nationales，见103页）这里经常展出价值连城的文件与工艺品，呈现了法国漫长辉煌的历史。沿着Rue Rambuteau往西走，然后右转进入神殿街（Rue du Temple）。

❽ 犹太艺术与历史博物馆（Musee d'Art et D'histoire du Judaisme，见104页）这家生动的小博物馆主要展现犹太人的艺术、文化与历史。沿着Rue des Francs Bourgeois走回去，右转进入Rue Vieille du Temple，再左转进入Rue des Rosiers。

❾ 普雷特佐（The Pletzl，见104～105页）在拥挤的街道之间探索巴黎的犹太区，特别是Rue des Rosiers。沿着帕维街（Rue Pavee）往南走，穿过Rue de Rivoli进入福西街（Rue de Fourcy），然后在市政府街（Rue de l'Hotel de Ville）左转。

❿ 桑斯公馆（Hotel de Sens，见105页）这座雄伟的别墅如今是一家艺术图书馆，融合了哥特式和文艺复兴式的建筑风格。逛完玛黑区之后，这里的后花园是个休息的绝佳地点。

❶ 巴士底广场（见100页）这座恶名昭彰的碉堡监狱是法国大革命的发生地，可以循着地上的鹅卵石找出它的轮廓。从圆圈的西侧离开，沿着圣安东街（Rue St.-Antoine）走下去。

玛黑区与巴士底　距离：约3.5公里
时间：约6至8小时　地铁起始站：Bastille

巴士底广场

❶ 1789年7月14日下午，一群愤怒的暴民袭击了既是监狱也是军械库的碉堡巴士底，法国大革命由此从空谈变成了血腥的战役。4个小时后，巴士底被攻陷，里面的囚犯被释放，君主政体摇摇欲坠。在亨利四世大道（buolevard Henri IV）的5号至49号外，地面上的鹅卵石标出了这座堡垒原本的界线。**七月柱**（**Colonne de Juillet**）顶端是金色的自由精灵（Genie de la Liberte），纪念的是1789年的革命以及后来1830年的另一场起义。矗立在广场东南边的是**巴士底歌剧院**（**Opera de la Bastille**，120 rue de Lyon, 4th arr.，operadeparis.fr，01 43 47 13 22，参观€€€），外观圆弧状的玻璃带有强烈的现代感，巴黎国家歌剧院就在这里。剧场拥有2700个座位，由卡洛斯·欧特设计，1989年为庆祝法国大革命200周年而启用。导览行程包括参观主观众席和后台区域。

第3、4、11区 Rue St.-Antoine走到底·地铁站：Bastille

贝屯苏利公馆

❷ 这栋别墅建于公元17世纪早期，原本是私人住宅，后来为亨利四世的财务大臣苏利公爵马西米兰·贝屯拥有，是巴黎最棒的路易十三世风格建筑之一。如今这里是**国家纪念物中心**（**Centre des Monuments Nationaux**），专门管理法国国宝。它有一座举办短期展览的影像艺廊、一家书店以及一座花园。外侧的庭院饰有人面狮身守护者和代表四季与自然元素的雕像。可以从这里穿过一座门廊直接进入后花园，是前往佛斯吉广场的捷径。

62 Rue St.-Antoine, 4th arr.·sully.monuments-nationaux.fr·01 44 61 21 50·地铁站：Bastille或st.-Paul

佛斯吉广场

③ 广场周围那些建于公元17世纪早期的联排别墅以它们高雅的红砖外观和长长的骑楼闻名，里面有时髦的餐厅、咖啡店、精品店和艺廊。在国王亨利四世的命令下，这座广场于1605年至1612年间建成，是欧洲现代都市计划最早的尝试之一，欧洲各国后来的建筑都是以它为样板。这座广场原本名为皇家广场（虽然从来没有什么国王或皇后住在那里），法国大革命期间才改名为佛斯吉，以此光耀法国东部的佛斯吉地区，因为它是第一个向新政府纳税的地区。黎塞留主教于1615至1627年间住在**21号**，但广场最有名的住客是作家雨果。他于18世纪30年代早期搬进了**6号**，就在他的小说《巴黎圣母院》成为畅销书之后不久。他从前的住宅现在是一家博物馆（见80页）。

第4区Rue des Francs Bourgeois旁的岔路・地铁站：Bastille、St.-Paul或Chemin Vert

佛斯吉广场完全是对称的，四个边上各有九栋房子。

卡纳瓦雷博物馆的展示包括路易十六统治期内某一间皇宫的房间复制品。

卡纳瓦雷博物馆

④这是官方的巴黎历史博物馆，里头收藏了许多古怪的东西，包括一份蛙腿汤的古老食谱，还有罗伯斯庇尔走上断头台之前的诀别信。馆藏按时间顺序排列，共有100多个展厅，分布在两栋相邻的建筑：卡纳瓦雷公馆（Hotel Carnavalet）和圣法佐勒佩列提耶公馆（Hotel Le Peletier de St.-Fargeau）内。前者是一栋美轮美奂的文艺复兴时期别墅，于公元1548年完工，后来成为贵族出身的书信作家玛丽·哈布汤-香塔尔（塞维涅夫人）的住所。这家博物馆全面展现了巴黎，涵盖了超过2000年的巴黎历史——从高卢时代、罗马时代一直到现代，展出的东西从一艘曾经航行于塞纳河上的史前时代独木舟到玛丽·安东尼的私人物品都有。别错过**路牌厅**，这里有一套不寻常的收藏，是公元16到20世纪的各种街道标志；也别错过一些重建的房间，如公元17世纪的河流饭店（Hotel La Riviere）的书房、乌杰饭店（Hotel d'Uzes）的接待室，还有**巴士底监狱的比例模型**，以及各种法国大革命期间的手工制品，包括一份装饰精美的《**人权宣言**》。

23 Rue de Sevigne, 3rd arr. · carnavalet.paris.fr · 01 44 59 58 58 · 周一休馆 · 地铁站：St.-Paul、Chemin Vert或Bastille

寇尼亚克杰博物馆

⑤撒马利坦百货公司的创建者恩尼斯特·寇尼亚克·杰出身微寒，原本只是新桥上一个卖领带的小贩。这间博物馆位于他从前的住宅内，甚至比他的百货公司更能显示出他这一生爬得有多高。寇尼亚克的太太玛丽-路易斯·杰和他一样热衷于精致艺术，两人一起搜集了数量惊人的绘画、雕塑、珠宝、家具和陶器。收藏的重点是法国

公元18世纪时期，展示在环境气氛相同的多依饭店（Hotel Donon），有**路易十五和路易十六风格的华丽房间**。包罗万象的收藏还包括了林布兰的绘画，也有印象派画家塞尚和德加的作品。到阁楼去看看**裸露在外的屋顶横梁**，可以知道这栋房屋是如何建造的。

8 Rue Elzevir, 3rd arr. · en.parisinfo.com/musem-monuments/237/musee-cognacq-jay · 01 40 27 07 21 · 每周一及国定假日休馆 · 地铁站：St.-Paul、Chemin Vert或Rambuteau

毕加索博物馆

6 见106～107页

Hotel Salé, 5 Rue de Thorigny, 3rd arr. · musee-picasso.fr · 01 42 71 25 21 · 地铁站：St.-Sebastien-Froissart或Chemin Vert

国家档案库

7 法国国家档案库是法国大革命期间创立而没被摧毁的少数几个机构之一，位于好几栋相邻的公元17世纪别墅内。其中最壮观的是**苏比斯宫（Palais Soubise）**，这个名字源于一位贵妇，她曾是国王路易十四的情妇。这栋建筑被她改造为玛黑区最绚丽的住宅之一（据说用的还是太阳王的钱），可以从她的住处看出大革命前的贵族是怎么生活的。档案库的珍品在**法国历史博物馆（Musee de l'Histoire de France）**轮流展出，包括巴士底狱卒的钥匙、圣女贞德在世时的唯一一幅肖像画、允许新教徒在法国做礼拜的**《南特敕令》（Edict of Nantets）**、**路易十六的遗书**，以及玛丽·安东尼的诀别信。

63 Rue des Francs Bourgeois, 3rd arr. · 01 40 27 60 96 · € · 周二休馆 · 地铁站：Rambuteau或Hotel de Ville

行家知识

玛黑区的别墅（或称“私宅”）的主要形式是独栋的市内宅邸，前面有一座前院，宾客和主人都把马车停在这里，后面则有一座宁静的花园。这种建筑形式的根源可以追溯至中世纪，在文艺复兴时期（公元15至公元17世纪）达到鼎盛。当时玛黑区是王室和贵族的住宅区，大家都在比谁能创造出最奢华的住宅。

犹太艺术与历史博物馆

8 这儿的永久馆藏包罗万象，从古老的《托拉》书卷和光明节灯笼到欧洲与中东犹太艺术家的现代作品都有，涵盖了德系和西班牙系犹太人的世界，也收纳了有关犹太人的知识以及中世纪与文艺复兴时期的犹太文化。这套收藏品展示在精心修复的**圣艾尼恩公馆**内（**Hotel de St.-Aignan**），它原本是亚佛伯爵的市内住所。到了公元19世纪中叶，别墅被分隔成许多单位，住客很多都是来自东欧的犹太移民。建筑最有意思的特征之一是重建过的**大楼梯**和**餐厅**，餐厅的墙壁上最近还发现了罗马风格的灰色装饰画。

71 Rue du Temple, 3rd arr. · mahj.org · 01 53 01 86 53 · €€ · 周六休馆 · 地铁站：Rambuteau或Hotel de Ville

美食推荐

■ L'AS DU FALLAFEL

在普雷特佐的这家知名烤肉店，点一份特制沙拉三明治，里头塞着满满的鹰嘴豆芝麻沙拉酱、炸茄子和其他美味食材，然后跟当地人一样边走边吃。若想在店内用餐，店里也有座位。

34 Rue des Rosiers, 4th arr.，01 48 87 63 60，€

■ MA BOURGOGNE

在佛斯吉广场旁的人行道雅座休憩，品尝丰盛的勃根第料理与红酒。特色菜包括薄酒莱香肠、塔塔牛肉、羊排以及早餐。9 place des Vosges, 4th arr.，01 42 78 44 64，€€€

■ LE TRUMILOU

在街坊的这家小餐馆、酒吧与咖啡店一边享用套餐，一边欣赏塞纳河对岸的圣母院与万神殿景致。84 quai de l'Hotel de Ville, 4th arr.，01 42 77 63 98，€€

普雷特佐

9 早在公元13世纪，犹太人被逐出主要城市之后就开始在玛黑区聚集，来自东欧和俄罗斯的移民则在公元19世纪和公元20世纪早期抵达。尽管纳粹占领这里将近五年，且有超过五成的人口死于集中营，但这个社区还是幸存了下来。“普雷特佐”一名在意第绪语中是“小地方”的意思，十分适合用来形容今日犹太区那些拥挤狭窄的街道。**蔷薇街**是主要干道，这个名字的由来是中世纪时这里种植的蔷薇。符合犹太教规的餐厅和食品店都是普雷特佐的注册商标。新艺术风格的正统犹太教堂**阿古达斯哈可希洛**（**Agudath Hakehilot, 10 rue Pavée**）由赫克特·基马设计，地铁站入口处的锻铁

玛黑区的蔷薇街上满是符合犹太饮食法规的面包店、熟食店和其他特殊食品专卖店。

门也是他建造的。1940年德军轰炸了这个地区，但如今已经得到修复。

Rue des Rosiers, Rue Pavee & Rue des Ecouffes, 4th arr.・地铁站：St.-Paul

桑斯公馆

10 桑斯公馆建于公元1475至公元1507年间，是巴黎仅存的几座哥特式住宅，原本是桑斯的主教们奢华的歇脚处。后来的住客包括了声名狼籍的玛戈皇后（亨利四世之妻）以及她的众多情人。如今桑斯公馆里有一家艺术图书馆——**福尼图书馆**（**Bibliotheque Forney**），还收藏着一些具有历史意义的海报、照片与明信片。

1 Rue Figuier, 4th arr.・01 42 78 14 60・€・周日及周一休息・地铁站：Pont Marie或Sully Morland

毕加索博物馆

这里收藏了全世界数量最多的毕加索作品，
展示了他数十年间不断创新的艺术成就。

毕加索的立体派作品《有藤椅的静物》（1912年）结合了绘画和拼贴。

毕加索（1881—1973年）曾说过："给我一间博物馆，我就能把它填满。"毕加索博物馆证实了这一点。这家博物馆位于玛黑区一栋雄伟的公元17世纪别墅内，里面全是艺术作品，毕加索的女儿在继承他的遗产时用它来代替遗产税。博物馆很小，两个小时就可以逛完。展品按照时间顺序排列，通过这位天才艺术家的作品，以精简又引人入胜的方式描述了现代艺术发展的过程。

■画室

负一层探索了毕加索工作过的多个画室。毕加索的灵感女神，摄影师朵拉·玛尔拍摄的一张照片揭示了其位于大奥古斯汀街7号的画室，毕加索正是在那里创作了他的画作《格尔尼卡（Guernica）》（-1.3室）。在一篇关于他位于戛纳卡利佛尼别墅画室的报道周围陈列了一系列的图片（-1.6室）。

■女性肖像

在底层（0层），包括《拉塞莱斯蒂纳（LaCelestina）》和《DesnudoSentado》在内的一系列女性肖像画作，展示了毕加索从1895年到1931年的画风变化（0.3室）。隔壁房间（0.4室）通过一系列的研究展现了毕加索早期代表作《亚威农的少女们（Demoiselles d'Avignon）》的创作历程。

■立体画派运动

毕加索与旅伴和画家乔治·布拉克一起，打破重重障碍，开展了立体画派运动。两人均在同一主题上创作了大量作品，包括毕加索的《弹吉他的男人（Man with Guitar）》和《有藤椅的静物（Still-Life with Cane Chair）》（0层，0.6室）。1层的《吉他与巴斯啤酒瓶（Guitar and Bottleof Bass）》和《吉他（Guitar）》则是毕加索向拼贴艺术自然过渡的代表作品（1.1室）。

实用资讯

毕加索博物馆2014年十月重新开放，历经长达五年的大规模翻修，耗资6.6千万美元。如今的展厅面积是原来的三倍，增加展出了许多新的画作，客流量大幅提升。屋顶自助餐厅拥有超大的户外露台，可以欣赏楼下庭院和俯视玛莱区的美景。

■回归传统画作

在第一次世界大战和意大利的旅行之后，毕加索回归到了更加传统的画风。《欧嘉在扶手椅里的肖像（Portrait of Olga in anArmchair）》、《农民的一餐（Le Retour du Baptême）》和《海边奔跑的两个女人（Two Women Running on the-Beach）》则是这一时期比较有名的作品（1层，1.2、1.3和1.4室）。

■私人艺术藏品

毕加索热衷于艺术收藏。3层展示了他不拘一格的私人藏品，其中包括了夏尔丹、库尔贝、雷诺阿、塞尚、布拉克、马蒂斯、德朗和亨利·卢梭等众多画家的名作。

HôtelSalé, 5 rue de Thorigny, 3rd arr.，电话：01 85 56 00 36，地铁站：St.-Sébastien-Froissart或CheminVert · museepicassoparis.fr

革命时期的巴黎

政府破产、食物短缺、民怨日深是革命的原因，1789年7月14日攻占巴士底的行动则是引爆点。你可以在这里追踪革命的脚步——从杜乐丽宫的位置来到巴黎古监狱，也就是国王路易十六被处死之后玛丽·安东尼皇后被监禁的地方，接着再到充满血腥的断头台。

断头台（上）是个恐怖但有效的处决方法。右页这幅攻击巴士底的图画作者是附近一家葡萄酒庄的老板，他画下了自己当天看到的画面。

不受欢迎的国王与受欢迎的起义

1789年5月，为了处理日益严重的公共骚乱，国王路易十六召开了三级会议（由贵族、教会领导人和公民组成的顾问团体）。公民领袖组成了国会，并且发誓在法国制定一部保障平民权利的宪法之前绝不解散。7月11日，国王取缔国会、召集军队进入巴黎，还开除了深受民众爱戴的财政部长贾克·涅克，想以此重新控制局面。三天后，一群人为了寻找武器、弹药攻占了巴士底，那是国王的监狱，也是王权的象征。

君权垮台

1789年10月，革命分子将王室成员从凡尔赛宫迁到了杜乐丽宫（Palais des Tuileries，见118～119页）。到了1792年夏天，自攻陷巴士底以来就一直治理着巴黎的巴黎公社中的强硬派上台，革命领袖丹顿、马哈和罗伯斯庇尔在**市政府**（见88页）谋划了血腥的最后一步——逮捕王室家族，将他们迁到神殿监狱（后来被拆除）。1793年，路易十六和玛丽·

安东尼以及2000名反革命人士在**协和广场**（见134页）被处决。

恐怖统治

1793年秋天，长达10个月的恐怖统治开始，因此丧命的人多达4万。消灭了敌人之后，革命分子开始内讧。1794年夏天，温和派把巴黎公社的最后几个人送上了断头台，结束了这场革命。

巴士底日（国庆日）庆祝活动

消防队员舞会
7月13日，巴黎所有的消防队都会举行募捐舞会。乐队、饮料和全副武装的消防队员让狂欢者一路开心到凌晨。

游行
7月14日，军队会在香榭丽舍大道上游行。早上10点开始，但由于人潮汹涌，必须提早到。

烟火
跟人群一起在埃菲尔铁塔前观赏晚10点30分的烟火秀。想找到好位置，8点30分之前就要到场。

招牌菜

早餐享用可颂（一种面包）和咖啡，小口小口、一点一滴地品尝美味。接着，尽管你不在马革里布地区（Maghreb），但还是可以尝到一些最棒的北非料理，一些甜品，或是那四季皆宜的法国美食：鹅肝酱。一天结束时，在巴黎遍地开花的小餐馆享用一碗洋葱汤。

■维也纳酥皮面包（Viennoisevie）

这种美食虽然叫维也纳面包，但没有什么比饱含奶油的酥皮点心更巴黎的了。如果早晨到玛黑区，最佳选择就是从**玛黑酵母面包店**开始（**Au Levain du Marais**，28 blvd. Beaumarchais, 11th arr.，01 48 05 17 14）。可以买一个可颂，上面的层层酥皮数也数不清。或者绕到圣日耳曼，在**普瓦兰**（**Poilane**，8 rue du Cherche-Midi, 6th arr.，01 45 48 42 59）买一个苹果馅饼（chausson aux pommes）。抹茶牛角面包是Du Pain et des Idées（34 rue Yves Toudic, 10th arr.，电话：01 4240 44 52）最受欢迎的甜点，这家人气超旺的面包房就在地铁共和广场站以北。

■小米饭（Couscous）

在巴黎，要找到摩洛哥、阿尔及利亚和突尼西亚的料理就和寻找法国其他地区的美食一样容易，包括“塔金”（一种北非砂锅菜）和“梅格兹”（辣羊肉香肠），而且价格通常便宜很多。小米饭有两种截然不同的料理方式，一种可以在拉丁区的**哈马迪家**找到（**Chez Hamadi**, 12 Rue Boutebrie, 5th arr., 01 43 54 03 30），另一种则是在距离皮加勒（Pigalle）不远的**撒哈拉人瓦利**餐厅（**Wally Le Saharien**, 36 Rue Rodier, 9th arr., 01 42 85 51 90）。前者会给你一块多乳脂的粗麦海绵面包来蘸取顶层的酱汁，后者的小米饭则比较干，蓬松地堆放在旁边。

■小甜点（Petits Fours）

马卡龙（macaron）的呈现方式在优雅的圣日耳曼区达到了极致。若喜欢细致的调合蛋白外壳、薄薄的夹心和覆盆子之类的经典口味，就到**拉度黑**（**Laduree**，21 Rue Bonaparte, 6th arr., 01 44 07 64 87）；想要较厚、较结实的饼干，中间夹着大量的奶油糖霜，那么去**皮耶赫梅**就对了（**Pierre Hermé**，72 Rue Bonaparte, 6th arr., 01 43 54 47 77）。这里有各种最大胆的口味，从白松

有益健康的洋葱汤是巴黎的经典食物。

露到胡萝卜柳橙和肉桂都有。既然来了，就再买个加了朗姆酒的“加纳雷”（canelé，波尔多式的烤卡士达），或是随意挑几种被赫梅先生取名为“伊斯帕罕”（Ispahan）的点心。

■鹅肝酱

巴黎各种昂贵或便宜的餐厅都供应各式各样的鹅肝酱。在圣日耳曼的**好友让之家**（**Chez l'Ami Jean**, 27 Rue Malar, 7th arr., 01 47 05 86 89），当服务生掀开一个铸铁锅的锅盖时，里面是一整块鹅肝酱，烤得亮晶晶的，呈焦糖般的咖啡色。若想吃得华丽一点，“阿斯特兰斯”（L'Astrance，见69页）会把鹅肝浸泡在酸果汁（未成熟的葡萄汁）里，然后夹在生蘑菇薄片之间，放在酥脆的薄饼上，加上榛果油和皱皱的柠檬蜜饯。一口之中，味道与口感有千百种层次。

■洋葱汤

孚日广场附近的Le Bistrot des-Vosges（31 blvd. Beaumarchais, 4th arr.），电话：01 42 72 94 85] 有巴黎最美味的洋葱汤，满满一层融化的芝士让您过足口福。奥布拉克地区的肉类料理也是这家小餐馆的特色菜。

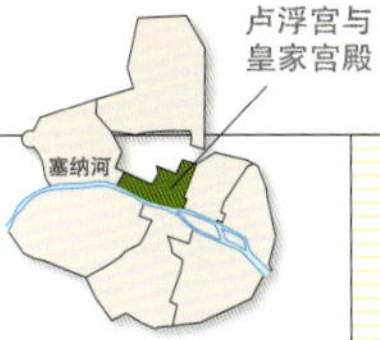

卢浮宫与皇家宫殿

杜乐丽花园和壮丽的卢浮宫都位于塞纳河北岸和繁忙的Rue de Rivoli之间，是巴黎最美丽的景致，世界最重要的艺术品收藏放在这里最适合不过。人们成群涌到卢浮宫欣赏达芬奇的《蒙娜丽莎》谜一样的微笑，或到杜乐丽花园的橘园美术馆看莫奈的《睡莲》。在Rue de Rivoli北侧，服装店、高级饭店、餐厅和纪念品店生意兴隆。皇家宫殿的拱廊花园则仿佛一座宁静的绿洲，从音乐盒到古典女装琳琅满目。卢浮宫旁，皇家教堂圣日耳曼洛塞华（St.-Germain l'Auxerrois）的建筑形式从罗马式到哥特式应有尽有。

◀ 卢浮宫的金字塔入口是建筑师贝聿铭设计的，于1986年由总统密特朗委托建造。

卢浮宫与皇家宫殿

塞纳河北岸有许多历史悠久的皇宫和美丽的花园，
还有一些世界最重要的艺术品。

❼ **国立网球场现代美术馆**（Galerie Nationale du Jeu de Paume，见120页）这座历史悠久的网球场如今是一家摄影及动画艺术博物馆。沿着Rue de Rivoli往东走，再沿着黎塞留街（Rue de Richelieu）往北漫步。

❻ **橘园美术馆**（见119～120页）这里原本是皇宫的温室，如今收藏着莫奈莲花池的巨幅画作，也有可观的现代艺术收藏。位于花园的西北角。

❽ **皇家宫殿**（以及大维福餐厅）（Palais-Royal & Le Grand Vefour，见121页）皇宫前院的精品店和专卖店非常有名。大维福是一家历史悠久的餐厅，现在依然供应着美味的食物。

❺ **杜乐丽花园**（见118～119页）由于可以看见小凯旋门、大凯旋门以及更远处的壮丽景致，这座公园深受大众喜爱。位于花园的西南角。

卢浮宫与皇家宫殿　距离：3.7公里
时间：约8小时　地铁站：Louvre-Rivoli

❶ **圣日耳曼洛塞华教堂**（St.-Germain L'Auxerrois，见116页）当卢浮宫还是皇宫时，王族就在这间教堂做礼拜。沿着柯里尼将军街（Rue de l'Amiral de Coligny）往北走。

❷ **里沃利街**（见116～117页）这条繁忙的大道是拿破仑下令规划的，连接了这趟行程上的所有景点。往西走。

❸ **装饰艺术博物馆**（Musee des Arts Decoratifs，见117页）见识从公元12至20世纪的法国日常物品。前往卢浮宫的主要入口。

❹ **卢浮宫**（见122～125页）这个地方原本是一座中世纪堡垒，后来被改建成一座文艺复兴时期的皇宫，接着又成为了世界级的博物馆。穿过骑兵广场（Place du Carrousel）前往花园。

卢浮宫与皇家宫殿

圣日耳曼洛塞华教堂

❶很多来卢浮宫的游客都会忽略隔壁这家教堂，但它其实是巴黎最精彩的建筑之一。在公元14至公元15世纪，当国王和皇后还住在卢浮宫的时候，这里就是他们做礼拜的地方。教堂比皇宫还老，建于公元12世纪，但如今只剩下钟塔的地基还属于那个年代。目前的这座中世纪建筑奇妙地融合了文艺复兴、罗马以及哥特风格，共有77平方米文艺复兴时期的**彩绘玻璃窗**，十分美丽。原本的装饰大部分在法国大革命期间被盗走（当时这座教堂被当作警察局和谷仓使用），但到了公元19世纪，它又被小心翼翼地修复。重点包括西门上方一座雄伟的**公元15世纪哥特式门廊**、一架原本由路易十四为邻近的圣礼拜堂（见45页）订购的**管风琴**，以及一些雕刻精美、以法国艺术家查理·勒布朗的设计为蓝本的**御用座席**。这座教堂也有一段黑暗的过去——它的**钟**曾被用来宣告圣巴多罗买节大屠杀的开始（见本页边栏）。

2 place du Louvre, 1st arr. • 01 42 60 13 96 • 地铁站：Louvre-Rivoli或Pont Neuf

实用资讯

宗教战争期间，圣日耳曼洛塞华教堂的钟声宣告了圣巴多罗买节大屠杀的开始（公元1572年8月23日）。在天主教皇太后凯瑟琳·美第奇和她儿子查理九世的命令下，巴黎有3000多名胡格诺派新教徒被杀，法国全国有7万多人遇害。

西弗利街

❷这条街道是巴黎的主街，两侧的拱廊有1.6公里长，从协和广场（见134页）一路延伸到卢浮宫广场。商家五花八门、丰富无比，有咖啡馆、餐厅，高雅的商店和纪念品店。拿破仑一世于公元1811年下令建造了这条宽敞的街道，用以纪念他公元1797年在意大利西弗利打败奥地利军队的战绩。拱廊采用古典派的整齐风格，十分赏心悦目，里面的商店包括WHSmith（门牌248号，是巴黎最大的英文书店）和Galignani（224号，成立于公元1802年，但公元1856年才搬到现址）。**Chez Angelina**（226号）是一家全年都很受欢迎的茶房，以香浓的热巧克力出名。卢浮宫的地下商场可以满足高端购物需求（99号，卢浮宫内），这里有春天百货和兰姿等名品商铺。金

字塔广场上立着一尊法国女英雄**贞德**的鎏金骑马雕像，距离她公元1429年跟英国人打仗时受伤的地方不远。直到今日，这里依然是法国君权主义者的朝圣之地。

第1区，从Place de la Concorde到Rue St.-Antoine・地铁站：Louvre-Rivoli或Hotel de Ville

西弗利街高雅的拱廊底下有许多设计师专卖店和咖啡馆。

装饰艺术博物馆

③ 卢浮宫的西北翼有一家法国装饰品的博物馆。展览品约有15万件，宗教跟日常用的都有，包括玩具、彩绘玻璃、家具、陶器和珠宝，全部来自中世纪到公元20世纪期间。五楼的一套**洋娃娃收藏**可谓世间罕有。另一个重点是**珠宝厅**（**Galerie des Bijoux**），共有两个房间，由一座令人惊叹的玻璃桥相连，收藏着1200件有历史价值的戒指、项链、手链和胸针。门票包含了隔壁的时尚与织品**博物馆**（**Musee de la Mode et du Textile**），展览的是公元17到20世纪的法国时尚工业（包括世界知名的巴黎高级订制时装，见140~141页），还有**广告博物馆**（**Musee de la Publicite**）。这里诉说的是广告的历史，还收藏了大量海报。从咖啡厅可以看见杜乐丽花园的美景。

107 Rue de Rivoli, 1st arr.・lesartsdecoratifs.fr・01 44 55 57 50・€€・周一休馆・地铁站：Palais-Royal Musee du Louvre

卢浮宫

4 见122～125页

Rue de Rivoli, 1st arr. · louvre.fr · 01 40 20 53 17 · €€ · 每周二、1/1、5/1、12/25休馆 · 地铁站：Palais-Royale Musee du Louvre

杜乐丽花园

5 卢浮宫的两个侧翼原本经由杜乐丽皇宫相连，如今皇宫仅存的部分就只有塞纳河岸上这座占地25公顷的花园，这里有整齐的草坪与树林。这座花园最早在公元16世纪时由凯瑟琳·美第奇皇后打造，到了公元17世纪，曾为路易十四设计凡尔赛花园的景观设计师安德烈·勒诺特将它重新设计，在卢浮宫和香榭丽舍大道之间规划了一条主轴。花园于公元1667年开始对外开放，今日仍是一片广受喜爱的绿地，有喷泉、池塘、整齐的花圃、长凳与咖啡店，还有数不清的雕像，包括公元20世纪法国艺术家亚利斯提德·麦约尔（Aristide Maillol）的**20尊铜像**。花园的

杜乐丽花园的椅子十分抢手，特别是在夏天。

最东边是**骑兵凯旋门**（**Arc de Triomphe du Carrousel**），顶上有一尊拿破仑一世驾着四匹马拉马车的雕像。拿破仑于公元1806年下令建造了这座凯旋门作为通往杜乐丽皇宫的入口，同时纪念他的胜利。公元1871年的暴动期间，革命分子放火烧了杜乐丽宫（卢浮宫得以幸存），开创了一片辽阔的视野，名叫**胜利之路**。从小凯旋门往西眺望，可以看见花园另一侧协和广场上的勒克索方尖碑（Luxor Obelisk），那是埃及政府于公元19世纪赠送的礼物。也可以朝香榭丽舍大道望去，眺望大凯旋门（见138～139页）以及更远处8公里外的拉德芳斯新凯旋门（Grande Arche de La Defense）。

Rue de Rivoli, 1st. arr. · 地铁站：Tuileries

橘园美术馆

❻杜乐丽花园西南隅的橘园里原本种着柑橘树，但现在这里更有名的却是莫奈的《**睡莲**》，一共有8幅睡莲画。这些画创作于1914年至1918年间，是莫奈垂暮之年的作品，以令人惊叹的方式呈现出纪凡尼（Giverny，巴黎西方69公里处）的花园之美。这些睡莲画展览在顶楼，每一幅都有1.8米高，分为两组，一组呈现的是日落，另一组则是日出。莫奈去世后不久，这些画于1927博物馆开馆时首度亮相，被认定为20世纪最伟大的艺术作品之一。博物馆于2006年整修后，这些巨作如今被呈现在自然光线中，色泽随着天气变化万千，与艺术家当初的构想一样。博物馆还收藏着巴黎艺品商保罗·纪雍搜集的现代艺术作品，包括毕加索、法兰西斯·皮卡比亚、柴姆·苏丁、玛丽·罗伦桑和雷诺阿的作品。重点有塞尚的《**苹果与小饼干**》（第3展览室）以及亨利·卢梭的《**老朱尼尔的小货车**》（第4展览室）。博物馆也会不定期举办20世纪艺术展览。

Jardin des Tuileries, 8th arr. · musee-orangerie.fr · 01 44 77 80 07 · €€ · 每周二、5/1、12/25休馆 · 每周一及周四下午2:30有英语导览（€€）· 地铁站：Concorde

国立网球场现代美术馆

7 这座室内网球场位于杜乐丽花园的橘园美术馆对面，如今由国家摄影中心使用，经常举办摄影展和电影展。拿破仑三世于公元1851年建造了这座网球场（Jeu de Paume，直译为“手掌游戏”——源自选手们用手掌击球的时代），外观是橘园美术馆的翻版，后来在1919年成为美术馆。这里的收藏品大部分都在1986年迁到了奥赛美术馆（见154～155页）和新的现代艺术博物馆（Musee d'Art Moderne, 11 ave. du President Wilson, 16th arr.，mam.paris.fr，01 53 67 40 00，周一及国定假日休馆）。经过重建，新的网球场于2002年启用，举行了一系列广受欢迎的展览，参展作品来自摄影界的大师级人物，如理查·阿维东（Richard Avedon）、马丁·帕尔（Martin Parr）、李·米勒（Lee Miller）以及安德烈·科特兹（Andre Kertesz）等。博物馆也会展示新锐艺术家的作品。

Jardin des Tuileries, 8th arr. • jeudepaume.org • 01 47 03 12 50 • 周一、1/1、5/1、12/25休馆 • €€ • 地铁站：Concorde

美食推荐

■ L'EPI D'OR
这家传统小餐馆距离卢浮宫只有一小段路，在雷阿勒市场还在的时候就有了，是那个时代幸存的少数几家餐厅之一。25 Rue Jean-Jacques Rousseau, 1st arr.，01 42 36 38 12，€

■ LA DAME DE PIC
获奖女厨师安-苏菲·皮克（Anne-Sophie Pic）在其位于卢浮宫对面的时尚餐厅精心烹制原创美食。推荐品尝她的招牌菜龙虾配红色水果。20 rue du Louvre, 1st. arr.，电话：01 42 60 40 40，€€€

■ LE SOUFFLÉ
这是一家专做美味香甜蛋奶酥的餐厅，有羊奶干酪、鲜蓟和黑线鳕鱼口味，也有巧克力和柑曼怡口味。36 rue Mont Thabor, 1st arr.，电话：01 42 60 27 19，€€

皇家宫殿与大维福餐厅

8 这座公元17世纪的宫殿原本是为黎塞留主教而建，有一段混乱的历史。在它的主人是欧里昂公爵路易-腓力-约瑟夫时，皇家宫殿花园（Jardin du Palais-Royal）是巴黎的社交活动中心，长廊上的商店、咖啡馆、赌场、餐厅和剧院里全是商人、知识分子、妓女以及各行各业的人——除了警察，因为公爵禁止警察入内。如今，花园的规模虽已不像公元1633年黎塞留主教建的那么大，但还是保存了公元17世纪的设计，有一条条两侧种着朗姆树的大道和一座中央喷泉。虽然花园里曾经盛极一时的古董店依然存在，但很多都已变成了艺廊、香水店、鞋店，Stella McCartney或Marc Jacobs等高级时装品牌的专卖店。旁边的庭院里有一个饱受争议的装置艺术，由许多黑白条纹的柱子组成，名叫《**两个平台**》，作者是法国艺术家丹尼尔·布伦（Daniel Buren）。国家经营的**法兰西剧场**（**Comedie Francaise**，Place Colette, 1st arr.，comedie-francaise.fr，08 25 10 16 80）从公元1799年起就一直在皇家宫殿内。宫殿的主建筑是政府办公室，不开放参观。从大革命前存留至今的唯一一家餐厅就是位于花园北侧的**大维福**（**Le Grand Vefour**，Rue de Beaujolais，01 42 96 56 27，8月休息，€€€€€），它创始于公元1784年，原本叫夏特咖啡馆。

墙壁上有铜牌标示出几位法国民族英雄最喜爱的座位，有拿破仑、雨果（他30多年来都点同一道菜——牛排和马铃薯加青豆）、萨特等。这家由盖伊·马丁掌厨的餐厅已经赢得了米其林之星的荣誉。

花园入口：Rue de Montpensier, Rue de Beaujolais/Passage Perron, Rue de Valois, 8th arr.·地铁站：Pyramides

丹尼尔·布杭的《两个平台》已经成为一个休息玩耍的热门地点。

卢浮宫与皇家宫殿

卢浮宫

巴黎最雄伟的皇宫里收藏着世界最重要的艺术品。

《阿提密斯与母鹿》早在卢浮宫仍是王宫时即已在此展出。

卢浮宫不只是世界最大的博物馆之一，还是世界最伟大的历史遗址之一。这座宫殿在中世纪曾是国王的住所，公元19世纪中叶则是皇帝拿破仑三世的家。虽然君王皆已远逝，但皇宫还是保存了原来的主人们令人惊叹的艺术收藏。如今，有数以千计美妙且极具历史意义的艺术品在这里展出。尽管馆藏如此庞大，但很多游客还是蜂拥到最著名的展品前，所以它们周围经常围着一大群游客。

■希腊古物

你可以在苏利馆一楼的12号展厅看见《米洛的维纳斯》，雕像曲线光滑圆润，裹着华丽的布料。这尊雕像有将近2000年历史，尽管双臂已经不见，她仍是世界最有名的古代雕塑之一。

维纳斯隔壁是另一件古希腊艺术巨作——雅典**巴特农神殿带状装饰**的一部分（苏利馆一楼6号展厅）。这件浅浮雕作品保存得出奇的好，作品描绘的是一群少妇正在参加智慧女神雅典娜的膜拜仪式。人像雕工精美，身上的衣袍细腻无比，很难相信那是大理石。最棒的是，大部分人只想看米洛的维纳斯，对于巴特农神殿的碎片只是匆匆略过，所以游客有充裕的时间细细品味这件古典艺术瑰宝。

■埃及与古代近东古物

与所有包罗万象的博物馆一样，木乃伊和人面狮身像的展示区总是人满为患。卢浮宫的埃及系列收藏有一个特别的重点，就是《**阿蒙神保护图坦卡门**》（法老的埃及，一楼26号展厅），专家认为这是那位年轻法老的真实肖像。

卢浮宫收藏的近东古物可能比埃及古物更有看点，而且陈列这些艺术品的展厅游客不是很多。美索不达米亚区的4号展厅（也叫寇萨巴德城，Cour Khorsabad）特别引人注目。这个房间展示着墙壁浮雕与守护者雕像，都是取自一座公元前8世纪的城墙，当时这座城墙环绕着杜尔沙鲁金（Dur Sharrukin，位于今日伊拉克北部的寇萨巴德）。这些古老的雕塑包含了两尊有翅膀的**人面牛身巨像**，有4米高、4米宽，它们原本守护着通往该城的7座城门之一。除了提供超自然的保护之外，它们也具有建筑上的功用，是门道与城墙的重要支撑结构。

实用资讯

卢浮宫本身就是历史性的巨作。你可以参观公元12世纪的地基（位于苏利馆），还有将近700年后才增建的拿破仑三世住处（位于黎塞留馆）。

■文艺复兴艺术

长长的**大画廊**（**Grand Gallery**）是卢浮宫的主要侧道，有许许多多的展厅在它周围构成一面网络，陈列着卢浮宫的绘画巨作。如果从展示着古希腊雕像《**胜利女神**》的那座楼梯（德农馆一楼达鲁梯）来到大艺廊，就会看见安杰利可兄弟（Fra Angelico）的《**圣母加冕图**》（德农馆二楼3号厅）。这个熠熠生辉、色彩丰富的公元15世纪祭坛饰品原本是为佛罗伦萨附近的一家道明会修道院绘制的。画中各种人物形象的刻画和大理石与金色涂料的精美，对观者而言都是一种视觉上的享受。

穿过大艺廊，你会看见一大群人围在拉斐尔迷人的画作《**美丽园丁**》前（德农馆二楼8号厅），画的主题是圣母玛丽亚在陪年幼的耶稣和他表哥施洗约翰玩耍。看过这幅圣母画后，可以在对面的墙上寻找他的《**卡斯提格李奥尼肖像**》，画中人是拉斐尔的朋友，也是乌尔比诺公爵派去教皇身边的使者。卡斯提格李奥尼的毛皮披肩画工精细，冰蓝色的眼睛十分慑人，但又带着几分温暖。达芬奇的《**蒙娜丽莎**》（德农馆二楼6号厅）无疑是卢浮宫最有名的展品。你可以在人潮中看见那著名的微笑，但也得花点时间欣赏其他不那么受关注的伟大作品。

■法国绘画

穿过《蒙娜丽莎》后面的门就可以进入75号和77号厅，这里收藏着法国新古典主义与浪漫派的伟大作品。虽然这里人也很多，但每幅作品的尺寸都很大，游人都能欣赏到。其中最大且堪称最有戏剧张力的是西奥多·杰利柯（Theodore

在买克-路易·大卫的《拿破仑加冕大典》中，拿破仑为他跪着的妻子戴上王冠。

Gericault）的**《美杜莎之筏》**（德农馆2楼77号厅），描绘的是当代一起翻船遇难者的苦境。一群幸存者紧紧攀住在浪花间翻腾的木筏，其中一人对着天际线上一艘几乎看不到的船挥舞着一块白布。为了创造这个画面，杰利柯在颜料中加入沥青来制造深沉黑暗的阴影。不幸的是，时间久了这种黑色会起皱纹，尽管经常修护，这幅画还是愈来愈黑、愈来愈看不清楚。

这里的其他绘画包括贾克-路易·大卫（Jacques-Louis David）的**《荷拉斯兄弟之誓》**（德农馆二楼75号厅），描绘的是罗马战士在出征前对他们的父亲致敬。此外还有尤金·德拉克罗瓦的**《自由领导人民》**（德农馆二楼77号厅），这幅画是公元1830年革命的目击者记录。

《蒙娜丽莎》拥有自己的一整面墙，隔着防弹玻璃接见大众。

Rue de Rivoli, 1st arr. · louvre.fr · 01 40 20 53 17 · €€ · 每周二、1/1、5/1、12/25 休馆 · 地铁站：Palais-Royal-Musee du Louvre

皇家建筑

虽然国王和他的家人在法国大革命期间被处死，但巴黎到处都是留存至今的皇家建筑。第一位法兰克国王克洛维一世于公元508年定都于此，但使巴黎成为王室大本营的却是中世纪的君主们，他们在这里建了许多皇宫与教堂。后来的市民烧掉了其中几座，他们似乎不是一直都很喜欢这些建筑。

凡尔赛宫的阿波罗喷泉（上）可追溯到1671年。皇宫的金色栏杆（右）是复制品，2008年才装上，原本的栏杆在法国大革命期间被拆毁。

岛屿堡垒

自从法兰克族的国王们在中世纪选择了西岱岛作为他们的首都，这座岛屿就成了法国王族的主要权力中心。今日岛上仅存的皇宫遗迹只有**巴黎古监狱**（见44～45页）和**圣礼拜堂**（见45页），这是欧洲最古老（也最华美）的两座哥特式建筑。

王族扩建

当王位于公元1328年传到华勒瓦家族手中后，西岱岛就不再是皇家要地了。国王查理五世将皇宫迁到了**卢浮宫**（见122～125页），那原本是一座中世纪城堡，后来被改建成文艺复兴风格的皇宫。查理也下令建造了巴士底（见100、108～109页），四个世纪后这座监狱将会在巴黎的历史上扮演一个关键角色；此外他还在玛黑区盖了一座皇家宅邸，也就是圣保罗公馆（Hotel St.-Paul），如今已不复存在。很多华勒瓦家族的国王都效法他。

到了公元16世纪中叶，皇后凯瑟琳·美第奇又把皇宫迁回了塞纳河附近，也就是她在卢浮宫旁打造的杜乐丽皇宫与花园（见118～119页）。

迁往乡间

公元1589年，王权从华勒瓦家族转移到了波旁家族手中。国王路易十三继续扩建卢浮宫与杜乐丽宫，但公元1624年，他却在一座少有人知、名叫**凡尔赛**的小村子附近建了一栋狩猎小屋。这份房产一直都不为人知，直到他的儿子在公元1643年继承王位。年轻的路易十四在皇家宫殿住了一段时间，但他不久就把凡尔赛改造成了全欧洲最棒的皇宫（Place d'Armes, Versailles，chateauversailles.fr，01 30 83 78 00，€€€ / chateauversailles.fr，€€€€€，每周一、1/1、复活节星期一、5/1、6/13、8/15、12/25休息）。

拿破仑的巴黎

当拿破仑于公元1804年自封为皇帝时，他以卢浮宫与杜乐丽宫为主要住处。他最引人注目的作品是大凯旋门（见138～139页），但他也改造了卢浮宫北侧的环境，建造了西弗利街（见116～117页）、文顿广场（Place Vendome）上的凯旋柱（用战争胜利后缴获的大炮镕铸而成），还有玛德琳教堂（Place de la Madeleine, 8th arr.）。

成衣

巴黎是世界首要的购物城市之一，以其优雅的风格与时髦的服装闻名。它为世界带来了高级订制时装（见140~141页），但成衣（pret-a-porter）也做得相当好。想试试巴黎最棒的店，不妨到下面这几家逛逛。

■百货公司

巴黎有一些世界最老牌的百货公司，也有一些最高档的。巴黎的时尚男女都到**柯列特**（**Colette**，213 Rue St.-Honoré, 1st arr.，colette.fr，01 55 35 33 90，周日公休）购买潮流尖端的服装。巴黎最老的百货公司名叫**好市场**（**Le Bon Marché**，24 Rue de Sevres, 7th arr.，01 44 39 80 00，周日公休），创始于公元1838年，有40多个设计师品牌（包括Sandro、Maje和Dice Kaye）、包罗万象的内衣与化妆品专区。人们最爱的另一家百货就是**拉法耶特**（**Galeries Lafayette**，40 blvd. Haussmann, 9th arr.，01 42 82 34 56，周日公休），有agnes b.、Derhy、Hugo Boss之类的品牌。这儿也有不错的男装以及童装专区。巴黎最新的百货公司是一家和其他百货都不一样的概念店：**梅西**（**Merci**，111 blvd. Beaumarchais, 3rd arr.，01 42 77 00 33，周日公休），阁楼式的空间里堆满了衣服，包括Stella McCartney和Isabel Marant。这儿也有一家很棒的咖啡店。

■独立精品店

天堂（Heaven，16 rue du Pont Louis-Philippe,4th arr.，电话：01 42 77 38 89，heaven-paris.com）是一家独一无二的精品店，由设计师莉亚-安·瓦利斯（Lea-Anne Wallis）亲手设计和制作每一件服装。想找古怪的、令人眼前一亮的衣服，可以试试**Antoine et Lili**（95 quai de Valmy, 10th arr.，antoineetlili.com，01 40 37 41 55）。这是一家色彩缤纷的店，里面的服装是带有异国风情的波西米亚设计。**L'Eclaireur**（40 Rue de Sevigne, 3rd arr.，leclaireur.com，01 48 87 10 22，周日公休）的衣服很前卫，也许不是每个人都喜欢，但光是那未来主义的装潢就值得你去走一趟。**Paul & Joe**（62-66 Rue des Sts.-Peres, 6th arr.，pauland-joe.com，01 42 22 47 01，周日公休）提供各式各样极具法国风味的女装、男装和童装——外加一个化妆品品牌。时髦的男装部非常棒。**Comptoir des Cotonniers**（2 place St.-Sulpice, 6th arr.，comptoirdescotonniers.com，01 56 81 00 18，周日公休）在全巴黎都有分

除了令人垂涎的芭蕾舞鞋和轻软舞鞋之外，丽派朵还售卖各类精品皮具。

店，他们的衣服价格亲民，属于时髦的休闲风。**Isabel Marant**（16 Rue de Charonne, 11th arr., isabel-marant.tm.fr, 01 49 29 71 55）走的是低调的嬉皮路线，这位设计师从15岁就有出色的服装作品。若想找简单但经典的巴黎风格，可以到**Autour du Monde**（8 Rue des Francs Bourgeois, 3rd arr., autourdumonde.com, 01 42 77 06 08, 周日公休），他们的Bensimon系列商品有衣服、帆布鞋、香水和相关配件，风格轻松又大胆。

■鞋子&手袋

丽派朵（Repetto）[第二区和平街22号（22 rue de la Paix, 2nd arr.），电话：01 44 71 83 12, 周日公休，repetto.fr] 是打造了女星碧姬·巴铎（Brigitte Bardot）灰姑娘芭蕾舞鞋（BallerineCendrillon）的著名鞋履品牌，各种颜色和材质的经典芭蕾舞软鞋都可以在这里买到。想要购买设计师手袋和皮具，请前往范狄诺（StephaneV-erdino, 10 rue Charlot,3rd arr., 电话：01 42 78 13 34, 周日公休，stephaneverdino.com）。

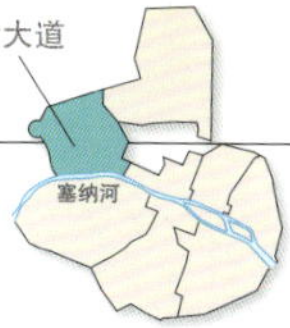

香榭丽舍大道

这条法国最有名的大道穿越了市中心西侧名声最响亮的一区，“香榭丽舍”一名直译就是“极乐之土”。这条大道的东段是玛丽·美第奇皇后于公元1616年设计的，两侧依然是宛若仙境的花园。自从被延伸之后，这条两公里的林荫大道就是举行国庆游行的地方，巴黎一些最高雅的咖啡馆、商店和餐厅都聚集在这里，使它成为了巴黎人和游客黄昏散步时最爱去的地方。大道东端是协和广场，这是巴黎最大的广场，大革命时有很多人在这里被处决。另一端则是巨大的凯旋门——如今也是第一次世界大战的无名军人冢。装饰华美的小皇宫和大皇宫都是为了1900年的世界博览会而建的，至今依然有艺术表演与其他活动在此举行。贾克马尔·安德烈博物馆（Musee Jacquemart-Andre）是该区诸多华美的公元19世纪别墅之一，在这里可以看到更多绝佳的艺术品。

◀ 协和广场上两座巨大的19世纪喷泉之一。

香榭丽舍大道

这是世界最美丽的大道之一，巴黎最经典的景致都在这里，
此外还有露天咖啡座、商店和高级餐厅。

❺ 圣亚历山大·内夫斯基大教堂（Cathedrale St. Alexandre-Nevsky，见135～136页）这座俄罗斯东正教大教堂内部有圣像、马赛克与壁画等装饰。沿着达鲁街（Rue Daru）继续走，然后左转进入库谢街（Rue de Courcelles），再右转进入库谢大道（boulevard de Courcelles）。

❹ 凯旋门（见138～139页）这座拱门纪念碑由拿破仑一世下令建造，位于香榭丽舍大道的西北端，光耀着革命战争与拿破仑战争中为法国而战的人。沿着欧许大道（avenue Hoche）往东走，左转进入佛布格圣欧诺黑街（Rue du Faubourg St.-Honore），再右转进入Rue Daru。

香榭丽舍大道　距离：4.7公里
时间：约8小时　地铁起始站：Concorde

❻ **蒙梭公园**（见136页）这座英式花园里到处都是金字塔、凉亭以及公元18世纪景观设计的其他装饰性建筑。从南侧的林布兰街（Rue Rembrandt）离开公园，往南转进入Rue de Courcelles，再往东转进入奥斯曼大道（boulevard Haussmann）。

❼ **贾克马尔·安德烈博物馆**（见136～137页）这座博物馆的建筑由国家公寓、私宅和一座冬季花园构成，主要收藏着公元16到18世纪法国、意大利与荷兰的精美绘画、挂毯和雕塑。

❸ **大皇宫**（见135页）大皇宫包含了三个展示空间：国家画廊（Galeries Nationales，举办短期艺术展览）、发现宫（科学博物馆）以及中殿（La Nef，举办大型活动）。返回香榭丽舍大道，然后向西走。

❷ **小皇宫**（见134页）你的左手边是为1900年世博会建造的两座皇宫里较小的那一座。巴黎市立美术馆（Musee des Beaux-Arts de la Ville de Paris）展示着从古典时期到公元20世纪的艺术。穿过温斯顿丘吉尔大道（Avenue Winston Churchill）。

❶ **协和广场**（见134页）从巴黎最大的广场出发，法国大革命时，断头台在这里日以继夜地工作。沿着香榭丽舍大道走，然后往南进入温斯顿丘吉尔大道（Avenue Winston Churchill）。

23米高的勒克索方尖碑是1826年埃及赠送的礼物。

协和广场

❶ 巴黎最大的广场周围是杜乐丽花园（见118～119页）、塞纳河以及公元18世纪的克里恩饭店（Hotel de Crillon，见184页）。这片8公顷大的空间于公元1754年设立，为的是展示一尊路易十五的雕像。法国大革命期间，这尊雕像被一座断头台取代——共有2800多人在这里被处死，包括国王路易十六和他的妻子玛丽·安东尼。当这座广场在公元1830年代被重新设计时，上面立起了**勒克索方尖碑**（来自勒克索拉姆西斯二世神殿的古老方尖碑），此外还有两座喷泉。北侧的**河流喷泉**（**Fontaine des Fleuves**）代表了隆河和莱茵河，而**海洋喷泉**（**Fontaine des Mers**）则是向法国的航海精神致敬。

第8区香榭丽舍大道东南端·地铁站：Concorde

小皇宫

❷ “小皇宫”融合了新古典与学院派的建筑风格，本身就是个足以媲美其收藏的艺术品。花园门廊上的壁画描绘着一年的12个月与一日的24小时，而公元20世纪法国艺术家莫里斯·丹尼则在圆顶绘上了知名艺术家的肖像。可以参观短期展览，或随心参观永久展览：希腊罗马古物、中世纪的宗教作品、文艺复兴时期的艺术、公元17世纪的荷兰绘画以及公元18到20世纪的法国艺术品。重点

包括塞尚的《**四季**》（8号展厅）和莫奈的《**塞纳河冬季日落**》（7号展厅）。

1 ave. Winston Churchill, 8th arro. · petitpalais.paris.fr · 01 53 43 40 00 · 短期展览：某些免费，某些€€ · 周一及国定假日休馆 · 地铁站：Champs-Elysees-Clemenceau

大皇宫

3 这个工程巨作什么都有：学院派建筑、新古典风的石头外观、繁复的铁艺，以及一系列有寓意的雕像。皇宫内部采光良好，拥有全欧洲最大的玻璃天花板。这栋建筑（连同小皇宫）是为了举办1900年的世界博览会而建造的，共请了40位艺术家来创作雕像、带状装饰和其他装饰品，如正面的每一个侧翼最上方的**巨大青铜马车**。位居最中心的中殿（La Nef）专门举办大型活动以及大规模的艺术表演。还有举办短期展览的**国家艺廊**（**Galeries Nationales**，Ave. Winston Churchill，01 44 13 17 17，€€）以及**探索宫**（ave.FranklinD.Roosevelt，01 56 43 20 20，€€）。这是博物馆与天文馆，一同展示与数学、物理、电磁学和其他科学相关的东西。

Ave. Winston Churchill, 8th arr. · grandpalais.fr · 每周二、5/1、12/25休馆 · 地铁站：Champs-Elysees-Clemenceau

凯旋门

4 见138～139页

Place Charles de Gaulle, 8th arr. · arcdetriomphepa ris.com · 01 55 37 73 77 · €€ · 5/8、7/14、11/11早上关闭；1/1、5/1、12/25全日关闭 · 地铁站：Charles de Gaulle Etoile

圣亚历山大·内夫斯基大教堂

5 这座引人注目的俄罗斯东正教教堂的设计灵感来自诺夫哥罗和莫斯科的教堂建筑。它于公元1861年启用，由巴黎的海外俄罗斯人赞助（自从拿破仑战败后，他们的人口就急剧增长），连沙皇亚历山大二世都出了一份私人捐献。建筑呈十字形，上有五个金色的圆顶，代表耶稣基督和四位福音书作者。内部装饰华美，有圣像、马赛克和壁画；**中央圆顶**内的精美壁画描绘了耶稣、圣母以及众多圣人，其他的圆顶则描绘耶稣一生中的种种画面。礼拜仪式依然以俄语进行。

12 Rue Daru, 8th arr. · 01 42 27 37 34 · 周二与周五下午1点至5点开放；礼拜时间为周六晚6点及周日早10点 · 地铁站：Ternes或Courcelles

美食推荐

■ LADUREE
这家高雅的茶室建立于公元1862年，以酥皮点心和巧克力闻名，也供应午餐。75 ave. des Champs-Elysees, 8th arr., 01 40 75 08 75，€€

■ LE RELAIS DE L'ENTRECÔTE
这家牛排店主打秘制酱汁肉眼牛排、薯条和沙拉。第二人免费。15 rue Marbeuf, 8th arr.，电话：01 49 52 07 17，€€

■ SPOON
米其林三星厨师艾伦·杜卡斯（Alain Ducasse）在香榭丽舍大街旁开的融合餐馆。12 Rue de Marignan, 8th arr.，01 40 76 34 44，€€€€

蒙梭公园

6 这座与众不同的公园属于英式设计，有装饰性建筑和其他建筑特色，不同于大部分历史性的法国正式花园。它于公元1769年由夏特公爵腓力·欧里昂所建，在公元1861年被建筑师乔治-尤金·奥斯曼改造成公共公园。如今还有几件装饰性建筑存留下来，包括一座埃及金字塔、一座中国凉亭，湖泊旁还有一排科林斯式列柱。逛完公园后，可以造访东侧的赛努奇博物馆（Musee Cernuschi， 7 ave. Velasquez, 8th arr.，01 53 96 21 50，短期展览：€€，周一及国定假日休馆）。这里的亚洲艺术品原本是公元19世纪银行家亨利·赛努奇的收藏，包括铜器、陶器、面具和其他来自中国、日本和韩国的器物，如一尊公元5世纪的菩萨雕像和一个公元14世纪的佛钟。这家博物馆也举办亚洲艺术的短期展览。

Blvd. de Courcelles, 8th arr. · 地铁站：Monceau

贾克马尔·安德烈博物馆

7 这栋公元19世纪的别墅由艾都瓦·安德烈和他的妻子妮莉·贾克马尔所建，用来容纳他们庞大的艺术品收藏。豪华的正厅内有公元18世纪的法国艺术品，包括让-巴普提斯-西梅恩·夏丹的《科学寓意》。其他房间

香榭丽舍大道

贾克马尔安德烈博物馆的挂毯展示厅内有许多路易十四到路易十六时期的家具。

里则放满了路易十四到路易十六时期的家具，此外还有更多美术品，包括18世纪法国艺术家让-巴普提斯·勒普旺斯的挂毯《俄罗斯游戏》、画家让-欧诺黑·福拉哥纳的《新模特儿》（1760年左右），以及荷兰大师林布兰的《基督在以马忤斯》（公元1628年左右）。冬季花园的阶梯上有威尼斯艺术家乔安巴提斯塔·提耶波罗的壁画，餐厅（如今是咖啡馆）的天花板上也有提耶波罗的绘画。楼上的意大利博物馆主要展示意大利文艺复兴时期的作品，包括波提切利的《圣母与圣子》（公元1465年左右）、一幅乔凡尼·贝里尼的同名作品以及多纳泰罗和弗朗兰西斯卡·罗拉纳的雕塑。别墅里也会举办短期展览。

158 blvd. Haussmann, 8th arr. • musee-jacquemart-andre.com • 01 45 62 11 59 • €€ • 地铁站：Miromesnil或St.-Philippe du Roule

凯旋门

巴黎凯旋门耸立在无名军人冢上方，饰有拿破仑战胜的画面。

凯旋门周围的车辆日夜川流不息。

这是巴黎仅次于埃菲尔铁塔的著名地标，纪念法国大革命与拿破仑战争期间为法国而战的人。拿破仑一世在奥斯特里兹击败俄国和奥地利联军、取得关键性的胜利后，凯旋门的建造计划在公元1806年展开。这个极具野心的项目由建筑师让-弗朗索瓦-特雷兹·夏尔格兰主导，光是打地基就花了两年，整座49米高的拱门直到公元1836年才完成。法国每年的巴士底日（国庆日）庆祝活动都在这里举行。

■雕塑

公元19世纪早期，法国最伟大的雕刻家——让-皮耶·柯尔托（Jean-Pierre Cortot）、方斯华·胡德（Francois Rude）、安东·埃特斯（Antoine Etex）、詹姆斯·普拉迪耶（James Pradier）都受命为凯旋门做贡献。西侧的两个雕塑分别为《1814年之抗战》（右）和《1815年之和平》（两者皆为埃特斯之作），东侧的则是《1810年之胜利》（柯尔托作，左）以及最有名的《1792年之志愿兵出征》，又名《马赛进行曲》（由胡德所作）。

■浮雕

上方的六面浮雕代表革命战争与拿破仑战争中的重大时刻：阿布吉尔之役、杰马普斯之役、阿寇尔之役、奥斯特里兹之役、亚力山卓沦陷以及马索将军的葬礼。

■最顶层

拱廊上饰有罗马神话中有寓意的人物（由普拉迪耶所作）。士兵的带状装饰上方是30面盾牌，刻有革命战争和拿破仑战争中重大战役的名字。较小的副拱门内侧列有558位法国将领的名字，名字底下画线代表此人战死沙场。

实用咨讯

1919年8月7日，法国空军飞行员查尔斯·古德弗阿（Charles Godefroy）驾着新港11号双翼机穿过凯旋门，是当时的重大新闻事件。

■无名军人冢

有一位在第一次世界大战中阵亡的法国无名士兵于1921年被葬在凯旋门底下。石板上刻着这样的字："一位于1914年至1918年间为祖国捐躯的法国军人长眠于此。"永不熄灭的火焰于每天傍晚6点30分点燃，纪念两次世界大战中阵亡的所有无名士兵。

■博物馆

游客可以搭乘电梯前往阁楼，那儿有一家讲述凯旋门历史的博物馆。再爬64级阶梯就可以来到凯旋门顶上的瞭望台，可以在那里360度观赏巴黎全景。

Place Charles de Gaulle, 8th arr. · arcdetriompheparis.com · 01 55 27 72 77 · €€ · 5/8、7/14、11/11早上休息；1/1、5/1、12/25全天休息 · 地铁站：Charles de Gaulle -Etoile

高级定制时装

巴黎几个世纪以来都是高级服装的同义词。高级定制时装（haute couture）以香榭丽舍大道一带为中心，位居法国时尚界的金字塔顶端。其根源可追溯到第三帝国时期拿破仑三世和妻子尤金妮皇后统治下的奢华年代，但当前的这套系统却是由一个名叫查尔斯·福德雷克·沃斯（Charles Frederick Worth）的英国人所打造。他于公元1854年创立了自己的品牌，贩售衣服给时髦的贵妇。

香奈儿（上）始终维持着招牌的简单风格；高缇耶丰富多彩的时装秀结合了顶级时装与剧场（右页）。

黑色小洋装

加布莉尔·可可·香奈儿于1913年开了第一家店，带来一种讲求简单舒适的革命性风潮，摆脱了公元19世纪的马甲束身衣。她最出名的是T台上有史以来最具代表性的单品——黑色小洋装。这种颜色原本只有葬礼上才穿，但在1926年，香奈儿以一件高雅、无袖、长度只到膝盖下方的作品震惊了时尚界，开启了时尚领域的新纪元。

新面貌

经过第二次世界大战的磨难，上个世纪50年代复苏期的时尚界以克里斯汀·迪奥的“新面貌”为特点。他运用大量的布料和长裙、窄肩、细腰等设计，创造出经典的“沙漏”身形。迪奥高雅而又女人味十足的设计，掳获了世人的眼光，尽管他的洋装对大部分女性而言都不适合，他的影响力还是让巴黎站在了世界时尚的尖端。

高级定制时装秀

直到今日，高级定制时装秀依然决定着下一季的风格。每年春天和秋天，世界各地的媒体、名人和买家都聚集在一起看秀。这些衣服少有人买得起，因为一件原版衣可能要价数十万美元。

对服装公司而言，举行服装秀往往是很花钱的事，但广告效果却让雇用大批剪裁师、机械师、刺绣师和缝纫师的庞大费用——更别提布料的成本——值回票价。尽管这些设计并不针对大众市场，它们却能决定潮流，让服装公司的成衣（见128～129页）风靡全球。

时装品牌

艾德琳·安德烈（Adeline Andre）于1981年创立了她的时装品牌。

让-保罗·高缇耶（Jean-Paul Gaultier）创立于1976年。高缇耶依然是设计主力。

纪梵希（Givenchy）由雨柏·纪梵希于1952年创立，如今的首席设计师是里卡多·提希。

斯蒂芬·霍兰（Stephane Rolland）是高级定制时装界的新人之一，他的作品带有强烈的中东风格。

伊夫·圣罗兰（Yves Saint-Laurent）原本是迪奥的助手，于1961年创立了自己的品牌，成为时尚圈最响亮的名字之一。目前的首席设计师是安东尼·瓦卡莱洛（Anthony Vaccarello）。

夜游巴黎

巴黎在启蒙时代是知名的学术中心，因而成为了所谓的“光明之城”（La Ville Lumière）。由于很早就采用了路灯（香榭丽舍大道是欧洲第一条装有煤气灯的街道），这个称号就更加巩固了。今日巴黎最有魅力的时刻是在日落之后。

■协和广场

每到晚上，被昵称为**克里奥佩特拉之针**的方尖碑就会散发出粉红色的光晕，因为整座广场都沉浸在数以百计的老式街灯的柔和光辉里。沿着**香榭丽舍大道**向西望去，远方的**凯旋门**（见138～139页）像一座灯塔般矗立在黑暗中。东边的**卡胡塞广场**也有自己的凯旋门，北方则有**莫里斯**和**克里恩饭店**的双子大楼，全都打着美丽的灯光。南边则是法国**国民议会**（**Assemblée Nationale**，126 Rue de l'Universite, 7th arr.）。这是法国政府的下议院，新古典风格的门廊也在夜里熠熠生辉。

■西岱岛

圣路易岛南侧的图涅勒桥（Pont de la Tournelle）有很好的视野，可以欣赏街景和**圣母院**（见48～49页）。这座哥特式建筑巨作的尖塔、拱门、雕像和怪兽状滴水嘴周围都装上了泛光灯，在黑暗中创造出极佳的戏剧效果。

巴黎古监狱（见44～45页）是玛丽·安东尼皇后度过最后一夜的地方，这座阴郁的公元14世纪城堡如今被一道道光束照亮，活泼地倒映在河水中。圆锥状的双塔和雄伟的砖石建筑都被打上了灯光，让这座原本是监狱的建筑显得更有张力。

■卢浮宫

卢浮宫的两座院落（见122～125页）晚上灯火通明，柔和的阴影烘托出高雅的文艺复兴风格。浪漫的**四方院**（**Cour Carree**）采用间接照明，让建筑物沐浴在柔和温暖的色彩中。在较大的**拿破仑院**（**Cour Napoléon**），贝聿铭设计的玻璃金字塔散发着魔力，半透明的结构与灯光相互辉映。

■埃菲尔铁塔

自2000年以来，埃菲尔铁塔（见149页）就采用了两套照明系统：由33万6600瓦的钠气投射灯

泛光灯照亮了协和广场一座喷泉上细腻的鎏金花纹。

提供的静态照明，以及每晚8点开始、每小时一次、每次5分钟的璀璨闪灯。战神广场是个很好的眺望点，但最好的视野在塞纳河对岸夏佑宫（Palais de Chaillot，位于特罗卡德洛广场）的平台上。这里是巴黎最好的眺望点之一，可以越过塞纳河遥望埃菲尔铁塔和更远方的**军事学校**（**Ecole Militaire**，见150页）。

■巴黎荣军院

巴黎荣军院**圆顶教堂**（**Eglise du Dome**，见151～152页）的金色圆顶从塞纳河沿岸各处都看得到，但若想欣赏它在泛光灯照耀下的风采，就得从南侧的佛班广场（Place Vauban）看过去。

■圣心堂

蒙马特的大礼拜堂（见168～169页）以石灰华建造而成，能够对抗天气的侵蚀，始终保持着洁白的颜色，仿佛乘着一朵白云飘浮在巴黎上空。如果在晚间造访蒙马特，可以爬楼梯或搭乘缆车上到圣心堂，欣赏灯火通明的巴黎夜景。

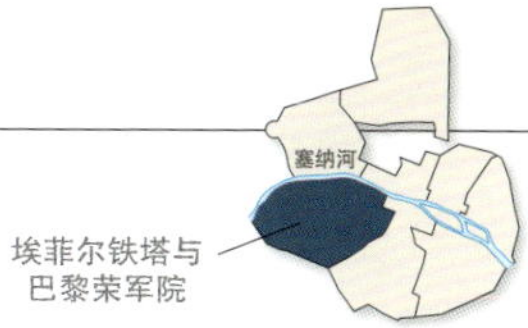

埃菲尔铁塔与巴黎荣军院

第 7 区到处都是雄伟的地标，从埃菲尔铁塔到金顶闪耀的巴黎荣军院以及巨大的公元 18 世纪军事学校。奥赛美术馆位于塞纳河畔的重要位置，建筑物原本是一座 1900 年的火车站。该区最新的建筑是布朗利码头博物馆，虽然属当代设计，但它却完美地融入了周围的环境。从这里的屋顶餐厅可以看见无与伦比的埃菲尔铁塔。自公元 17 世纪开始，法国的上流阶层就受到第 7 区的吸引——罗丹美术馆所在的城堡就是建于公元 1700 年代早期——而这个区现在依然很富有，有安静的公寓大楼、低调的高价餐厅，夜生活也很节制。

◀ 埃菲尔铁塔高高矗立在巴黎的天际线上，象征着巴黎的浪漫。

埃菲尔铁塔与巴黎荣军院

埃菲尔铁塔和金顶的巴黎荣军院是这个贵族社区的支柱。

❷ **布朗利码头博物馆**（见148～149页）这是巴黎最新的博物馆，于2006年启用，专门收藏非欧洲的艺术。沿着布朗利码头继续走。

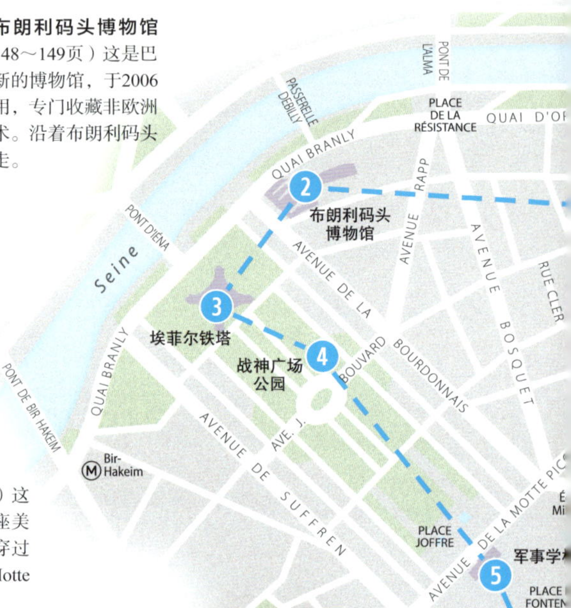

❸ **埃菲尔铁塔**（见149页）古斯塔夫·埃菲尔的铁塔于公元1889年建成时引发了不少争议。穿过战神广场，朝东南方前进。

❹ **战神广场公园**（见150页）这里原本是阅兵场，如今则是座美丽的花园。从东南端离开，穿过莫特皮凯大道（avenue de la Motte Picquet）。

❺ **军事学校**（见150页）这所军校是公元1751年由路易十五创立的。穿过芳特诺瓦广场（Place de Fontenoy）。

❻ **联合国教科文组织**（UNESCO，见150～151页）UNESCO总部的花园里到处都是现代雕塑。沿着洛温达大道（avenue de Lowendal）往东北方走。

❼ **巴黎荣军院与陆军博物馆**（见151～152页）拿破仑的坟墓就在金顶的礼拜堂底下。穿过荣军大道（boulevard des Invalides）。

埃菲尔铁塔与巴黎荣军院　距离：6.5公里
时间：时间：约8小时 / 地铁起始站：Musee d'Orsay

❶ **奥赛美术馆**（见154～155页）这间美术馆专精于公元19世纪的艺术与设计，收藏着许多印象派画作。沿着安纳托法兰西码头（Quai Anatole France）和奥赛码头（Quai d'Orsay）向西走到布朗利码头（Quai Branly）。

❽ **罗丹美术馆**（见152～153页）这间城堡博物馆收藏了罗丹的数十件雕塑。

奥赛美术馆

1 见 154 ～ 155 页

1 Rue de la Legion d'Honneur, 7th arr. · musee-orsay.fr · 01 40 49 48 14 · **€€**，特展：**€€** · 周一休馆 · 地铁站：Solferino

布朗利码头博物馆

2 在一个充斥着古老建筑与博物馆的城市里，找到一家能够融入周围环境的 21 世纪博物馆是件很不寻常的事。在布朗利码头博物馆，建筑师让-诺维（Jean Nouvel）实现了这项壮举。他用长长的玻璃板和一层层彩色盒子装饰外墙，其中一面墙上种满了绿意盎然的植物，形成了一座**垂直花园**。布朗利博物馆主要收藏亚洲、大洋洲、非洲和美洲的原住民艺术品，包括头饰、面具、雕像、图腾、服装、纺织品和乐器。展览根据地区分门别类，参观时注意阿拉斯加的头饰、墨西哥的雕塑、秘鲁的羽毛衣、印度的胸饰、伊索比亚的壁画以及一尊来自马利的公元 10 世纪

布朗利码头博物馆里的东南亚面具。

的**多贡人雕像**。顶楼的**影子餐厅（Les Ombres）**必须事先预约，在此可以眺望塞纳河与埃菲尔铁塔。

37 Quai Branly, 7th arr. · quaibranly.fr · 01 56 61 70 00 · €€ · 周一休馆 · 地铁站：Bir-Hakeim

埃菲尔铁塔

电梯从埃菲尔铁塔错综复杂的铜铁大梁之间升上去。从地面到第二层来回大约需要8分钟。

3 法国大革命100周年时，法国工程师古斯塔夫·埃菲尔为公元1889年的世界博览会打造了这座高耸的铸铁建筑。这座铁塔由18000多个铁块和250万个铆钉拼装而成，原本计划在20年后拆除，但公元20世纪早期无线电传输的兴起让它逃过一劫，因为它提供了一个安装天线的理想地点。建成120年之后，这座324米高的铁塔已经成为全世界最多人知晓的建筑之一。铁塔共有**三层瞭望台**，可以走楼梯或搭乘直梯到达前两层，在那里可以观赏到巴黎全貌。一层设有透明观景台，在二层还可以享用**米其林星级餐厅**儒勒·凡尔纳（Jules Verne）的美食（电话：01 45 55 61 44, €€€€ ~ €€€€€）。在晴朗的日子，从那里可以看到64公里之外；但天气不好时，你可能连地面都看不到。夜里的埃菲尔铁塔会像灯塔一样发光，而在每个整点，铁塔上的2万颗灯泡会像繁星一样闪烁，持续5分钟之久。

Parc du Champ de Mars, 5 ave. Anatole, 7th arr. · tour eiffel.paris · 08 92 70 12

39 · 前往第二层与顶层：€€，€€€；爬楼梯：€ · 地铁站：Bir Hakeim 或 Ecole Militaire

美食推荐

■ LES COCOTTES
在埃菲尔铁塔附近的这家餐馆品尝沙拉、蛋饼，或是招牌菜砂锅肉或砂锅鱼。35 Rue St.-Dominique, 7th arr.，01 45 50 10 31，€€

■ LA FONTAINE DE MARS
这家小酒馆位于埃菲尔铁塔附近，供应牛排薯条、油封鸭腿和鸡肉佐羊肚菇等经典菜肴。129 Rue St.-Dominique. 7th arr.，01 47 05 46 44，€€€

■ THOUMIEUX
米其林星级厨师 Jean-François Piège 将上个世纪 20 年代的艺术装饰平价餐馆改造成了时髦奢华的用餐场所。79 rueSaint-Dominique, 7th arr.，电话：01 47 05 49 75，€€€

战神广场

❹ 军事学校于公元 18 世纪中叶成立之后，学校和塞纳河之间的土地就被命名为战神广场，用来进行阅兵与军事演习。如今，这片有榆树和长凳的美丽绿地被用来举行庆典和特殊活动，如国庆日的烟火秀（见 109 页）。人们也会在这里野餐、散步，享受花园与美景。

第 7 区 的 Ave. de la Bourdonnais 和 Ave. de Suffren 之 间 · 地 铁 站：Bir-Hakeim 或 Ecole Militaire

军事学校

❺ 国王路易十五于公元 1751 年创办了军事学校。这是法国经典建筑的出色范例，于公元 1773 年建成，中央有八根科林斯式柱子和一个矩形圆顶。公元 1785 年，拿破仑在这里受训，以少尉身份毕业。第二帝国时期，整栋建筑又增建了两个侧翼，变得更加庞大。站在芳特诺瓦广场，你可以看见荣誉中庭（Cour d'Honneur），两侧都有双柱的门廊。如今建筑物里是军事训练机构。

Ave. de la Motte Piquet, 7th arr. · 01 44 42 56 05 · 军事学校不开放参观 · 地铁站：Ecole Militaire

联合国教科文组织（UNESCO）

❻ UNESCO 的总部由来自法国、意大利和美国的三位建筑师共同设计，是一场名副其实的国际合作。主建筑于 1958 年 11 月启用，平面呈 Y 字形（或三芒星）。雕塑家野口设计了**和平公园**，由日本政府捐建。一条条小径迂回穿梭在矮树、竹林、花圃和池塘之间，都是仿照日本自

圆顶教堂的金顶耸立在巴黎荣军院的主中庭上方。

然景观设计的。在这里闲逛时，你会看到一些大型艺术品，如毕加索的画作《**伊卡鲁斯之坠落**》，装裱在一面墙的木板上。俄罗斯则捐赠了祖拉布·采列杰利（Zurab Tsereteli）的蛋形雕塑《**新人类的诞生**》，用以纪念哥伦布发现美洲500周年。

7 place de Fontenoy, 7th arr. · unesco.org · 01 45 68 10 00 · 周六与周日休息 · 非会议期间可以参加导览 · 地铁站：Segur 或 Cambronne

巴黎荣军院与陆军博物馆

7 公元1670年，国王路易十四建立了荣军公馆作为伤残军人的医院与住处，并且下令建造金顶的**圆顶教堂**供王室使用。教堂于公元1706年完工，是法国经典建筑的大作，**拿破仑的坟墓**就在里面。拿破仑的骨灰于公元1840年从圣海伦娜岛被带回来，放在六个套棺内，再装进一个巨大的红石英棺，安置在深绿花岗岩的底座上。坟墓周围立着12尊巨大的雕像，代表拿破仑的军事胜利。巴黎荣军院曾经住有 7000 名老兵，现在住在那里的老兵少了很多，大部分房间都交到军事博物馆手中。陆军博物馆（Musee de l'Armee）陈述的是从中世纪到现代的军队史，可以在这里找到中世纪的铠甲和大炮模型。**解放军团博物馆**（**Musee de l'Ordre de la Liberation**）展示着公元 1940 年到 1944 年解放军团进行的工作，**地形图博物馆**（**Musee des Plan-Reliefs**）展示的则是立体地形图与碉堡模型。

旅游达人

巴黎荣军院和埃菲尔铁塔之间的克雷街（Rue Cler）非常适合游览。这里到处都是新鲜蔬菜、水果、鱼、肉和乳酪市场，还有诱人的糕饼店。UNESCO 后面的萨克斯大道市场（Avenue de Saxe market，周四与周六营业）里有很多摊贩，贩售衣服、珠宝、皮包、新鲜农产品、肉类和鱼。男人们有时会把鱼抛来抛去、大声唱歌——纯粹为了好玩。

129 Rue de Grenelle, 7th arr. · 08 10 11 33 99 或 01 44 42 38 77 · 圆顶教堂、陆军博物馆、地形图博物馆和解放军团博物馆一票玩到底：€€ · 地铁站：Latour Maubourg 或 Varenne

罗丹美术馆

8 罗丹的很多伟大作品如今都陈列在公元 18 世纪的毕隆公馆的房间与花园内。在公元 20 世纪初，艺术家马蒂斯与考克多、舞蹈家邓肯以及罗丹本人都曾以这座洛可可风格的城堡为暂时的住处与工作室。博物馆大楼近期完成了翻修，增设了新的展厅。这里展出着罗丹艺术生涯各个阶段的作品，有许多其知名雕像作品的石膏模型，以及青铜铸造过程的展示。包括他最早的大作之一《**铜器时代**》。那是一尊少年的雕像，被当代民众视为惊世骇俗之作，还有《**吻**》的其中一个版本，以及未完成的《**思想**》。有一个房间专门展览卡蜜儿·克劳戴尔的作品，她曾经是罗丹的伴侣。在满是花朵的宁静花园中漫游，你可以找到几件罗丹的不朽之作。《地狱之门》是一扇未完成的青铜门，上面饰有但丁《神曲：地狱篇》的画面。门板上方有一个小小的早期版《沉思者》。你在附近就可以看到全尺寸的《**沉思者**》，罗丹原本将它命名为《诗人》，因为它代表的是但丁。在花园的这一区域还可以找到《**卡雷市民**》，这座雕塑纪念的是在历经了一年的围城之后，于公元 1347 年将卡雷市的钥匙交给英王爱德华三世的六位市民。这个群体纪念碑呈现了从绝望到反抗的各种情绪。

79 Rue de Varenne, 7th arr. · musee-rodin.fr · 01 44 18 61 10 · **€€**，只参观花园：**€** · 每周一、1/1、5/1、12/25 休馆 · 地铁站：Varenne 或 Invalides

罗丹的众多雕塑作品都展出在博物馆的花园中。

奥赛美术馆

这家博物馆的过人之处是它无人能及的印象派画作收藏。

这里原本是火车站的大厅，如今变成了一座明亮的雕塑艺廊。

奥赛美术馆的特色是公元1848年至1914年之间欧洲的绘画、雕塑、素描、装饰艺术以及摄影作品。这套馆藏是上个世纪80年代从法国其他博物馆搜罗而来的，有莫奈、塞尚、梵高等大画家最脍炙人口的大作。除此之外，他们较不知名的同僚的作品也同样令人赞叹。馆内还收藏了许多精彩的设计作品，会不定时举办短期展览。

■中殿

这家美术馆原本是一座火车站，39米高的大厅有拱顶天花板，是陈列馆藏雕塑品的理想场所。别错过让-巴普帝斯·卡尔波的《**舞蹈**》，这尊雕像刚公诸于世时曾经引起轩然大波；还有德加的《**十四岁小舞者**》和罗丹的《**巴尔扎克**》。

■现代生活点滴

第5层重新装修过的展厅陈列着印象派画家的作品。虽然德加最出名的是芭蕾舞者的画（这里有不少幅），但他的《**咖啡馆**》（又名《苦艾酒饮者》）以写实的手法呈现了公元19世纪末巴黎酒吧的风貌，同样值得一看。

在雷诺阿的《**煎饼磨坊舞会**》中，我们可以窥见巴黎中产阶级社交生活较欢乐的一面，画中的男男女女穿着色调和谐的衣服在张灯结彩的室外跳舞。詹姆士·提梭（James Tissot）的《**夜晚**》（1885年）也呈现了公元19世纪晚期的黄金时代，歌颂世纪末的奢华晚礼服。

旅游达人

很多博物馆都是周二休馆，但奥赛美术馆是周一休息。虽然周二似乎是个参观的绝佳时机，但巴黎的每一个游客也都有此打算，所以还是选别的日子去吧。

■现代艺术之初

奥赛美术馆收藏了莫奈最出名也最惊世骇俗的作品之一《**草地上的午餐**》（第5层）。画中描绘了一群学生和一个裸女一起野餐，使用的是当代背景而不是寓言式场景，曾被毕加索和几十位艺术家拿来临摹参考。莫奈的诸多作品中还有《**卢恩大教堂：蓝与金的和谐，阳光耀眼**》（第5层）。

第2层后印象派的重点包括塞尚的《**玩扑克牌的人**》和《**苹果与橙子**》，这些都是塞尚晚年的作品，影响了立体派。别忘了留意梵高的《**奥维尔教堂**》，以及《**亚尔卧房**》的其中一个版本。

艾菲尔铁塔与巴黎荣军院

1 Rue de la Legion d'Honneur, 7th arr. · musee-orsay.fr · 01 40 49 48 14 · **€€**，特展：**€€** · 周一休馆 · 地铁站：Solferino

印象派画家

公元 1874 年在巴黎举办第一次画展时，印象派画家们引起了公愤。莫奈、雷诺阿、皮萨罗（Camille Pissarro）、希斯黎（Alfred Sisley）和他们的同伴们彻底颠覆了数个世纪以来将视觉世界的每一个细节都用复杂精准的手法呈现出来的传统。反之，他们以简洁的笔法恣意挥洒，点状运用鲜艳的色彩。他们的目的是捕捉当下，画出他们对周围所见的真实世界的自然反应。而他们最主要的题材之一就是巴黎。

1910年左右在室外作画的雷诺阿（上）；右页是他的《煎饼磨坊舞会》。

现代生活

印象派画家摒弃了历史性与寓意性的当代题材，着手描绘他们自己的世界——中产的、都会的、享乐的。当时巴黎还在进行着奥斯曼男爵的重大都市更新（见 8 ～ 9 页），铺设了一条条宽敞的大道，还装设了煤气灯、电车轨道、自来水管和污水下水道。印象派画家捕捉到了这座进步中的城市的活力。

寻找题材

印象派画家喜欢在室外工作。公元 1869 年，莫奈和雷诺阿来到一处名叫青蛙潭（LaGrenouille）的热门浴场（位于巴黎西边的 Croissy-sur-Seine，“塞纳河上的克罗瓦西”之意），想描绘巴黎人游玩、划船、戏水的画面；这里碰巧也是个绝佳地点，可以利用水面上的粼粼波光来测试他们的绘画技巧。莫奈也受到工业景致的吸引，曾于公元 1876 年至公元 1877 年间在圣拉札荷车站（Gare St.-Lazare）进行一系列研究，记录这座繁忙的火车站的日常。雷诺阿偏爱餐厅和蒙马特煎饼磨坊的室外舞厅咖啡馆，皮萨罗常画巴黎车水马龙的繁忙街道与桥梁，希斯黎则对塞纳河上的平底船情有独钟。

名望之路

20年之内，印象派被大众接纳，于是其他艺术家也开始了其他实验。亨利·吐鲁斯-罗特列克（Henri de Toulouse-Lautrec）以一种较颓废的方式呈现巴黎的舞厅与酒吧，乔治·秀拉（Georges Seurat）则运用点描派手法描绘巴黎题材。几个世纪后，要论呈现当代巴黎生活的能力，实在没什么比得上19世纪70年代印象派画家的作品。

印象派技巧

为了研究光线与天气的变化，有几位印象派画家经常在室外工作。他们尝试新的构图形式，从不寻常的角度描绘主题，或是将某些部分删去。为了在整张画布上创造出明亮的效果，他们一笔一笔、一个点一个点地分别上色，而不是在调色板上混好颜色，将每一笔都融合在一起。他们隐约勾勒出形体与形状，而不是将它们巨细靡遗地画出来。

咖啡店与小餐馆

在巴黎的一大享受就是坐在咖啡馆内任时光流逝，一边啜饮咖啡一边写你的下一本小说，或观察人群，或作白日梦；再不然就是在一家小餐馆里喝啤酒或葡萄酒放松心情。这种小型餐厅通常有桶装啤酒，而且全天供应单点菜或份量更大的套餐。

■适合观察人群的咖啡馆

巴黎荣军院附近的**康斯坦咖啡馆**（**Café Constant**，139 Rue St.-Dominique, 7th arr.，01 47 53 73 34）有一位得过奖的主厨，所以他们供应的餐点超越了地方咖啡馆的水平。**小马蹄铁**（**Le Petit Fer a Cheval**，30 Rue Vieille du Temple, 4th arr.，01 42 72 47 47）是喝一杯的好地方，可以看着玛黑区各色人物来来去去。

在蒙马特观光客较少的区域，**桑榭尔**（**Le Sancerre**，35 Rue des Abbesses, 18th arr.，01 42 58 08 20）是酒吧 / 咖啡馆的首选，可以观察当地人和蒙马特的艺术家与时髦人士。这家店每天都营业，通常午餐时间和接近深夜时人最多。

普鲁恩的家（**Chez Prune**，36 Rue Beaurepaire, 10th arr.，01 42 41 30 47）是一间波西米亚风格的小酒馆，圣马汀运河区（Canal St.-Martin）之所以变得时髦，有一部分就是因为它。这儿的牛排加薯条是巴黎最棒的，还可以看见运河。

■代表性咖啡馆

自 19 世纪创始以来，时髦的**花神咖啡馆**（**Café de Flore**，172 blvd. St.-Germain, 6th arr.，01 45 48 55 26）就一直在繁忙的圣日耳曼大道上，而它的气氛与颇具艺术风格的内部装潢，多年来也没有太大改变。拐过一个街角就是更出名的**双叟咖啡馆**（**Les Deux Magots**，6 place St.-Germain-des-Pres, 6th arr.，01 45 48 55 25）。这两家咖啡馆是上个世纪五六十年代的知识分子（包括萨特和西蒙·波伏娃）常去的地方，不仅名气大，价格也不便宜。

■历史悠久的咖啡馆

和平咖啡馆（**Café de la Paix**，5 place de l'Opera, 9th arr.，01 40 07 36 36）是一家美丽的露台咖啡馆，可以点一杯咖啡或香槟，在这里停

历史悠久的花神咖啡馆依然是和朋友聚会的热门地点。

留片刻。这家咖啡馆和隔壁华丽的卡尼尔歌剧院（Opera Garnier）都是建筑师查尔斯·卡尼尔设计的。**利普酒馆**（**Lipp**，151 blvd. St.-Germain, 6th arr.，01 45 48 53 91）不只是一家小酒馆，它还是巴黎历史的一部分。在公元 20 世纪中叶，和同在圣日耳曼区的花神咖啡馆和双叟咖啡馆一样，利普酒馆吸引了不少有影响力的人物。利普酒馆创始于公元 1880 年，供应啤酒和酸菜香肠，你还有可能看见某个议员或名人在这里吃饭喝酒。

■ 经典小餐馆

朱利安餐厅（**Julien**，16 Rue du Faubourg St.-Denis, 10th arr.，01 42 47 00 65）墙上饰有代表四季的缪思女神——这是新艺术的经典主题。餐厅服务周到，而如果想吃点心，这里淋上热热的法芙娜巧克力酱的奶油小泡芙简直是人间美味。经典的**圣路易岛餐厅**（**Brasserie de l'Ile St.-Louis**，55 quai de Bourbon, 4th arr.，01 43 54 02 59）位于圣路易岛的尖端，从公元 1870 年营业至今，依然由同一个家族经营。全年供应桶装冰啤酒，冬天还有热酒（vin chaud）。从露台上可以看见圣母院的背面。

LE CONSULAT
RESTAURANT
LE CONSULAT
ANT LE CONSULAT

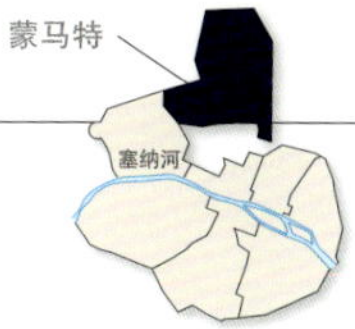

蒙马特

蒙马特位于巴黎北侧一座名叫“拉布特”（La Butte）的山丘顶上，自成一格，比其他区更能体现旧巴黎的精神。其地标是壮观的圣心堂，对初次来访的人而言是很好的起点。但这片山顶真正的风情呈现在圣心堂后面那片沿着山坡往下的蜿蜒街道之间。铺着鹅卵石的小路和浪漫的街灯让人想起19世纪晚期，当时艺术家们纷纷涌至此地，让这座原本很小的村子变成了波西米亚式生活的同义词。沿着美丽的朱诺大道（Avenue Junot）漫步，跟随那些名人的脚步来到毕加索曾经作画的特尔特广场（Place du Tertre），还有在雷诺阿笔下变得不朽的煎饼磨坊（Moulin de la Galette）。当然，蒙马特可能是个观光客陷阱，但花点时间在它的广场与山坡之间漫游，你还是能够感受到它放荡不羁的脉动。

蒙马特气氛浓厚的街道曾是《红磨坊》和《玫瑰人生》等电影的拍摄地。

蒙马特

穿过蒙马特的老旧街道，从圣心堂走到煎饼磨坊，你就能真正体会到该区的山村风味。

❷蒙马特圣皮耶教堂（St.-Pierre de Montmartre，见164页）这是巴黎最古老的教堂之一，建在一座古罗马神殿的遗址上。出去后沿着诺旺街（Rue Norvins）往西走，然后左转。

❸特尔特广场（Place du Tertre，见164～165页）这座漂亮的广场上有许多街头艺术家和形形色色的咖啡馆，是观察人群的好地方。沿着蒙塞尼街（Rue du Mont Cenis）往北走，再左转进入寇托街（Rue Cortot）。

❶圣心堂（Basilique du Sacre-Coeur，见168～169页）爬上这个巴黎著名地标的圆顶，欣赏令人赞叹的街景。出去后，往西走到亚哲街（Rue Azais），然后右转进入Rue du Mont Cenis。

❹ **莫蒙马特博物馆**（Musee de Montmartre，见165页）在这家古怪的小博物馆了解蒙马特的历史，还有此地最著名住客的生平。沿着Rue Cortot往西走，穿过萨勒街（Rue des Saules），然后沿着阿布勒瓦街（Rue de Abreuvoir）继续西行。在吉哈顿街（Rue Girardon）转往北走，再左转进入朱诺大道。

❺ **朱诺大道**（Avenue Junot，见166页）让自己沉浸在这条满是绿荫的高雅街道的气氛里，两侧都是优美的房屋和艺术家的工作室。在Rue Girardon转往南走。

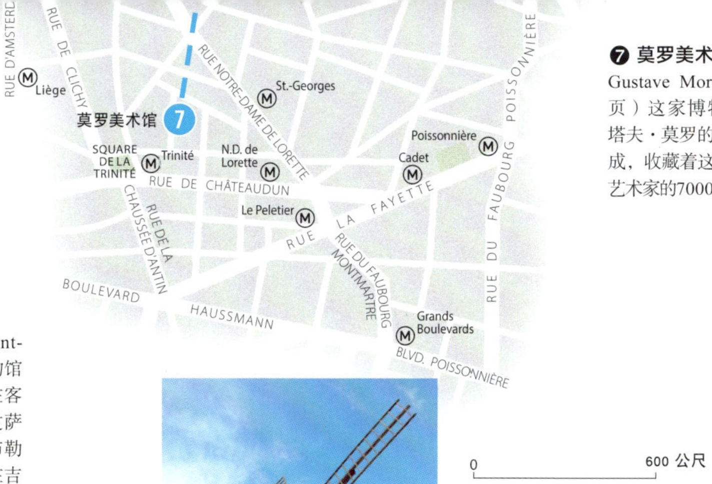

❼ **莫罗美术馆**（Musee Gustave Moreau，见167页）这家博物馆由古斯塔夫·莫罗的祖宅改建而成，收藏着这位象征主义艺术家的7000多件作品。

❻

蒙马特　距离：约2.5公里
时间：约6至8小时 / 地铁起始站：Abbesses或Anvers

圣心堂

❶ 见 168 ～ 169 页

Parvis du Sacre-Coeur, 18th arr. · sacre-coeur-montmartre.com · 01 53 41 89 00 · 圆顶与地窖：€ · 地铁站：Abbesses 或 Anvers，然后从 Funiculaire Gare Basse（山脚电缆车站）搭乘电缆车上山，可使用标准地铁票

蒙马特圣皮耶教堂

❷ 相较于对面巨大的圣心堂，圣皮耶教堂显得十分渺小，也没有圣心堂的富丽堂皇，但值得一看的东西还是很多。这座简朴的教堂是巴黎第二古老的教堂（仅次于圣日耳曼德佩教堂，见 74 页），也是蒙马特本笃会修道院仅存的遗迹。国王路易六世和妻子阿德莱德于公元 1133 年建了这座修道院，由雅德莱依德担任第一任院长。最后一任院长在法国大革命时被送上了断头台，修道院也被关闭，后在 1908 年恢复圣职。多年来虽然历经多次整修，但原来的特征依然存在，包括公元 12 世纪的**拱顶唱诗班**席位以及四根大理石柱子，据说柱子取自原来位于这里的一座罗马神殿。北侧的廊道上有**萨弗瓦的雅德莱依德之墓**（**Tomb of Adelaide de Savoie**）。如果碰巧在 11 月 1 日前来，可以造访旁边那座小小的墓园（巴黎最古老的墓园），一年只有这一天开放。这里有雕刻家让-巴普提斯特 · 皮加勒（Jean-Baptiste Pigalle）和探险家路易 · 布刚维尔（Louis de Bougainville）的坟墓，九重葛（bougainvillea）这种灌木的名字就是得自这位探险家。

2 Rue du Mont Cenis, 18th arr. · 01 46 06 57 63 · 地铁站：Abbesses 或 Anvers（从山脚电缆车站搭电缆车上山）

蒙马特圣皮耶教堂的现代彩绘玻璃窗是1953年才有的。

特尔特广场

❸ 蒙马特这座绿树环绕的美丽广场是巴黎波西米亚生活的历史中心，许多艺术家都曾在此作画，包括莫奈、雷诺阿和毕加索。如今

这里满是街头艺术家、昂贵的咖啡馆和游客，但该区原本的精神还是有一部分在旧建筑中保存了下来。**门牌 21 号**的房子曾是蒙马特自由社区（Commune Libre de Montmartre）所在地，这个社区成立于 1920 年，旨在保存该区的自由思想精神。他们提出了一些古怪的政策，如不能有 12 月、1 月和 2 月这几个月份，此外还限制该区的游客人数。讽刺的是，观光办公室如今就位于这栋建筑内。

Place du Tertre, 18th arr. · 地铁站：Abbesses 或 Anvers（从山脚电缆车站搭电缆车上山）

蒙马特博物馆

4 这家博物馆位于一栋公元 17 世纪的房屋内，展览主题是蒙马特的文化与历史生活，是该区最古老的建筑。公元 1875 年被改造成工作室，使用者有雷诺阿、拉乌·杜菲（Raoul Dufy）、莫里斯·乌特利罗（Maurice Utrillo）以及苏珊·瓦拉顿（Suzanne Valadon）。如今，较低的楼层被用来展示蒙马特的历史，时代跨越了法国所经历的种种革命与战争；较高的楼层则重现了该区艺术生活的享乐时代，重点包括乌特利罗最爱的咖啡馆**阿布勒瓦**（**L'Abreuvoir**）的复制版、知名当地夜总会**敏捷之兔**（**Au Lapin Agile**）的彩绘招牌原件以及乌特利罗、杜菲以及亨利·图鲁斯-劳特雷克的艺术作品。别错过罗兰·道吉列（Roland Dorgeles）的恶作剧绘画**《亚德里亚海日落》**（1910 年）的复制品，这幅画大受批评家的赞赏，直到他揭露这幅画其实是他跟一群朋友把一支画笔绑在一头驴子尾巴上画出来的，目的是挖苦抨击现代艺术。

12 Rue Cortot, 18th arr. · 01 49 25 89 37 · 周一、1/1、12/25 休馆 **€€** · 地铁站：Abbesses 或 Anvers（从山脚电缆车站搭电缆车上山）

美食推荐

■ BISTRO POULBOT

这家位于圣心堂后面的小酒馆供应改良过的经典法国菜。39 Rue Lamarck, 18th arr.，01 46 06 86 00，€€€

■ LE COQ RICO

来一同感受名厨安托万·魏斯特曼（Antoine Westermann）对禽类的热情吧，他烹制的布雷斯鸡是店内的必点菜色。周一至周五主厨推荐菜，仅需 15 欧元。98 rue Lepic, 18th arr.，电话：0142 59 82 89，€€

蒙马特

朱诺大道

5 一个世纪前，朱诺大道是一片长满灌木、杂草丛生的矮树林的一部分，住在这里的都是流浪汉。如今它却是时髦的终极地标，其雅致感与排外性为它赢得了“蒙马特之香榭丽舍”的美名。这条宽阔的林荫大道上有美丽的私人宅邸和画家的工作室，住的都是蒙马特的富人。请特别留意这些房子：**13 号**是 20 世纪早期插画家弗朗西斯科·普尔伯（Francisque Poulbot）从前的住所，他以街童的素描闻名（房子外部有儿童彩色马赛克镶嵌画）；**15 号**是罗马尼亚诗人与达达主义创始者崔斯坦·查拉（Tristan Tzara）的立体派住宅，设计者为建筑师阿道夫·卢斯（Adolf Loos）；**23 号**的雷安德庄园（Villa Leandre）则是一组童话故事般的装饰艺术风格房屋，有美丽的花园。

Ave. Junot, 18th arr.・地铁站：Lamarck

煎饼磨坊

6 勒皮克街上的煎饼磨坊是蒙马特仅存的两座木头风车之一（原本有 14 座），建于公元 1622 年，当时名叫“布吕特芬”（Blute-fin）。它原本只是一座用来压葡萄、碾谷物的平凡磨坊，却在公元 19 世纪大翻身——当时德布雷家族（Debray）买下了它，用来制作一种名叫“加列特”（galette）的黑麦饼。这种饼搭配牛奶食用，大受欢迎，于是磨坊的名字被改成了“煎饼磨坊”。多年之后，德布雷家族将牛奶换成了红酒；而到了世纪末，这座磨坊已然成为了一座热门舞厅，也是巴黎社交圈的中心，诸如梵高这样的艺术家都曾在画布上将它化为不朽。其中最重要的是雷诺阿，他的《煎饼磨坊舞会》（见 155、157 页）如今展示在奥赛美术馆（见 154 ～ 155 页）。今日的煎饼磨坊不对外开放。在邻近的勒皮克街上，另一座同为德布雷家族所有的**哈戴磨坊（Moulin Radet）**矗立在一家名叫**“煎饼磨坊”**的现代餐厅上方。

Rue Lepic, 18th arr.・地铁站：Lamarck

哈戴磨坊建于1717年，原本在附近的另一个地点，1924年才搬到现在这个位置。

莫侯美术馆

7 这家美术馆访客很少，专门收藏象征派画家古斯塔夫·莫侯（Gustave Moreau，1825～1898年）的杰作，共收藏有1000件他的油画和水彩画，外加7000幅素描和一系列未完成的草稿。画廊位于莫侯和他父母住过的房子里，是他自己设计的，根据他希望的方式陈列他的作品。馆藏包括《**阿波罗与飞马**》和《**独角兽**》，这两幅画皆以旋涡状的鲜明色彩呈现显示了莫侯对神话的痴迷。也可以参观莫侯一家人小小的公寓，里头塞满了个人物品和家具，还有莫侯的书房以及他收藏的稀有书籍。

14 Rue de la Rochefoucauld, 9th arr. · 01 48 74 38 50 · 每周二、1/1、5/1、12/25 休馆 · € · 地铁站：Trinite

圣心堂

雄伟的圣心堂盘踞在蒙马特山巅，是民族和解与希望的象征。

如果不想爬225级阶梯，可以搭缆车到达圣心堂。

公元1871普法战争之后，法国建筑了这栋地标性的教堂献给耶稣圣心，象征他们已经恢复的自信。这座教堂建在山顶上，根据传说，圣丹尼（巴黎的守护圣人）是在那里殉道的。建筑工程始于公元1875年，由建筑师保罗·阿巴帝设计，属于罗马拜占庭风格，用了39年才完工。这栋83米高的建筑是用石灰华建造的，它是石灰岩的一种，时间愈久会变得愈白，所以教堂始终保持着苍白的颜色。

■ 正面外观

门廊上共有三个拱，上面竖立着**圣女贞德和圣路易的青铜雕像**，拱上方则有一尊**基督的雕像**。青铜门板上饰有基督生平的画面。

■ 内部

宽阔的内部以马赛克装饰，其中最华丽的一幅是《**基督圣像**》，由奥利维耶·梅尔森（Olivier Merson）和马歇尔·马尼（Marcel Magne）设计，是世界最大的马赛克《基督圣像》。其他还有回廊上文艺复兴风格的银雕像《**圣母与圣子**》（公元1896年由P·布鲁涅所作），费南·列杰的**彩绘玻璃窗**以及一架由亚利斯提德·卡瓦耶-柯尔（Aristide Cavaille-Coll）制作的管风琴。

■ 圆顶

中央圆顶是巴黎第二高点，仅次于埃菲尔铁塔（见149页）。这里有令人惊叹的全景视野，可以看到48公里外的地方。想抵达圆顶必须爬完300阶的螺旋梯。

实用资讯

虽然这座教堂大体上是以复原与希望为主题，但它也有几个民族主义的主题。门廊上方的圣女贞德和圣路易都是法国的民族圣人，而公元1895年在安锡（Annecy）打造的大钟“沙弗亚德”则与公元1860年被法军攻下的沙弗伊地区（Savoy）有关。

■ 钟塔

77米高的八角形钟塔内有世界最沉重的大钟之一——3米高的**沙弗亚德大钟（Savoyarde）**，重达18.5吨，光是钟锤就有850公斤。

■ 地下室

偌大的地下室里有来自法国各地的圣人雕像和圣物，据说还有**耶稣的圣心**。其中一间地窖内有一个石瓮，里头装着**亚历山大·勒占提（Alexandre Legentile）的心脏**，他是当初起意兴建这座象征基督之爱的圣心教堂的两个天主教商人之一（另一位是胡伯特·霍奥特·富勒里，Hubert Rohault de Fleury）。

蒙马特

Parvis du Sacré-Coeur, 18th arr. · 电话：01 53 41 89 00 · 穹顶和地穴：€ · 地铁：Abbesses 或 Anvers（从 FuniculaireGareBasse 搭乘缆索铁道；可以使用标准地铁票）· sacre-coeur-montmartre.com

夜总会

巴黎“时尚性感夜生活之都”的名声可以追溯到 19 世纪末。那是个追求享乐的年代，被法国人称为“美丽时代”（belle epoque），当时蒙马特的夜总会是音乐厅、马戏团、脱衣舞俱乐部和黑店的混合体。它们游走在法律边缘的灰色地带，与巴黎欣欣向荣的妓院关系密切，吸引的除了喧闹的蓝领阶级之外，还有富家子弟和放荡不羁的艺术家。

简・艾薇儿（上）以自己的方式诠释康康舞，成为巴黎最受喜爱的舞星之一。她的表演地点包括红磨坊（右）——这里被视为康康舞精神上的发源地。

情色艺术

原本的夜总会表演是以喧闹的活力和女体的暴露来撑场面。歌曲都很猥亵讽刺，舞蹈更是粗俗得毫无保留，包括知名的康康舞，舞娘表演时经常不穿内裤。但随着夜总会逐渐高档化，不久就发展出较细腻的艺术追求。19 世纪 90 年代，美国舞者罗依・福勒（Loie Fuller）闯出了名号，成为佛利贝尔杰（Folies Bergeres）的当家红星。她的节目带有新艺术风格，结合了创新的灯光技巧和表现力丰富的自由舞蹈。

到了上个世纪 20 年代，**巴黎赌场**（**Casino de Paris**，16 Rue de Clichy, 9th arr.，casinodeparis.fr，01 49 95 22 22）请来了当代明星，包括歌手莫里斯・谢瓦里耶（Maurice Chevalier）和他的搭档米斯汤杰（Mistinguett）。与此同时，**佛利贝尔杰**（Folies Bergere，32 Rue Richer, 9th arr.，01 44 79 98 98）拥抱了爵士乐，非裔美国明星约瑟芬・贝克（Josephine Baker）造成了新的轰动。为了迎合巴黎人的情色品味，她跳舞时只穿一条用香蕉串成的裙子。

当代夜总会

随着时间流逝，出名的夜总会不再是一般民众去的地方，如**红磨坊**（**Moulin Rouge**）成了有钱的巴黎人和游客的浮华娱乐场所（82 blvd. de Clichy, 18th arr.，moulinrouge.fr，01 53 09 82 82）。但在1968年的学生暴动里，夜总会传统又找到了新的出路。当时有一群年轻的表演者在一家废弃工厂里成立了**车站咖啡馆**（**Café de la Gare**，41 Rue du Temple, 4th arr.，01 42 78 52 51），并且自称“丑陋又肮脏”。除了为艺人们提供了一个跳板（如当时的年轻演员杰哈·德巴狄厄）之外，也促使了新一代“另类”咖啡馆剧院的诞生，在今天的巴黎蓬勃发展。

夜总会剧院

“奥林匹亚”（Olympia）位于玛德琳（La Madeleine）附近，在上个世纪90年代经过整修，恢复了它在美丽时代的光彩，如今是举办演唱会的主要场所。28 blvd.des Capucines, 9th arr.，olympiahall.com，01 55 27 10 00

“逗号”（Le Point Virgule）这座剧院位于玛黑区中心，以其古怪的滑稽秀出名。7 Rue Ste.-Croix de la Bretonnerie, 4th arr.，01 42 78 67 03

“贝勒维的斑马”（Le Zebre de Belleville）贝勒维的这个秀场有古怪荒谬的当代舞蹈和杂技表演。63 blvd. de Belleville, 11th arr.，01 43 55 55 55

蒙马特

巴黎市景

从埃菲尔铁塔高处到圣母院大教堂，巴黎不少建筑都有广阔的视野。和大部分都市一样，制高点有世界知名的地标，也有只有当地人才知道的无名之地。

■圣心堂

蒙马特雄伟的大教堂（见168～169页）坐落在巴黎最高的山丘上，可以俯瞰恣意延伸的城市美景。很多人都觉得站在教堂前的露台上远眺就够了，不必爬300级阶梯登上圆顶。从露台上可以看见保罗之**圣文森教堂**（**St.-Vincent de Paul**）绿色的屋顶和高塔、蓬皮杜中心的独特轮廓，还有圣母院雄伟的双塔。

■布特夏蒙公园（Parc des Buttes-Chaumont）

在蒙马特东边的第19区，有巴黎最美丽的公园保扎里斯（Rue Botzaris），由奥斯曼男爵打造，里面也有一个较不出名的制高点。这个地方地势崎岖，曾经是采石场与刑场。最高的瞭望点位于一座断崖顶上，必须经由一座吊桥越过全是岩石的沟壑才能前往。从这里可以看见很棒的巴黎市景。若要欣赏圣心堂洁白的外观与圆顶，这个位置特别好。

■圣母院

虽然隔着一面铁丝网，但登上西岱岛的圣母院北塔（见48～49页），眼前的景致还是值得你千辛万苦爬上387级阶梯。你可以清楚地看见大教堂的飞扶壁、哥特式高塔和怪兽状滴水嘴，还有西岱岛历史悠久的街道与建筑。越过塞纳河往南边望去，可以看见万神殿的圆顶。

■蒙帕拿斯大楼

蒙帕拿斯南边这栋210米高的摩天楼有一个好处：唯有站在这里，你才不会看见这栋大楼本身。这里是俯瞰**巴黎荣军院**的绝佳地点，眺望**埃菲尔铁塔**也很棒。

■凯旋门

这座49米高的拱门（见138～139页）矗立在**香榭丽舍大道**的一

站在埃菲尔铁塔顶端，整个巴黎都在你的脚下。

端，爬到顶上，你可以俯瞰巴黎的主要大道以及从这个点辐射出去的另外 11 条街道。往东边看，**卢浮宫**就坐落在香榭丽舍大道的另一端；往西边看，你绝对不会错过拉德芳斯的双塔。凯旋门也是观察巴黎疯狂交通的好地方，川流不息的汽车、自行车花招百出，争道抢先。

■埃菲尔铁塔

在晴朗的日子来到这座 324 米高的铁塔第 3 层（见 149 页），你可以看到惊人的巴黎全景，一路延伸到 64 公里外的法国乡间。但第 2 层的视野才是最美的，可以鸟瞰整个巴黎。记得往北看，越过**特罗卡德洛**（**Trocadero**）的优雅花园欣赏拉德芳斯区的高楼大厦。

第三章

旅游须知

计划行程

何时去

很多商店、餐厅和私人博物馆8月份休息，但那时的巴黎交通不是很拥挤，污染也不严重。而且有一些免费的活动参加，如公园内的巴黎“沙滩”（塞纳河上的沙滩）音乐会、拉维列特公园的户外电影等。

秋天的天气很好，城市再次忙碌起来。圣诞假期则会使巴黎变得灯火璀璨。

气候

巴黎的冬天不是太冷，春天和秋天凉快，夏天则温暖潮湿。

保险

购买适当的医疗险，还有行李以及财物失窃险。

护照与签证

持中华人民共和国护照者需要申请签证。

如何前往巴黎

机场

巴黎有两座机场——较大的戴高乐机场（Roissy-Charles de Gaulle，位于巴黎北方30公里处）以及奥利机场（Orly，位于巴黎南方15公里处）。两者的网页都是aeroports-deparis.fr，01 70 36 39 50。

从机场出发

戴高乐机场有两大航站楼：CDG1和CDG2。法国航空的巴士（lescarsair-france.com，08 92 35 08 20）每20分钟就有一趟班车前往麦佑门（Porte Maillot）和戴高乐之星（Charles de Gaulle Etoile），车程40分钟，车费15欧元；每30分钟就有一班车前往蒙帕拿斯车站（Gare Montparnasse）和里昂车站（Gare de Lyon），车程50分钟，车费16.5欧元。华西巴士（Roissy Bus，ratp.fr，电话3246，8.5欧元）每15分钟就有一班车开往歌剧院（Opera），车程约60分钟。至于火车，RER的B线（ratp.fr，9.1欧元）每5至15分钟发一班车，抵达火车北站（Gare du Nord）约要40分钟。搭计程车约50欧元，抵达巴黎市中心可能要45分钟。

若从奥利机场出发，奥利巴士（OrlyBus，ratp.fr，电话3246，6.9欧元）每20分钟发一班车，约30分钟抵达丹费霍许罗（Denfert Rochereau）。法航巴士（lescarsair-france.com，08 92 35 08 20）在蒙帕拿斯车站、巴黎荣军院和戴高乐之星都会停车，抵达市中心约30分钟，车费11.5欧元。“奥利法火车”（Orlyval train）在安东尼站（Antony station）和RER会合，从这里可以转车前往夏特勒雷阿勒（Châtelet Les Halles）。搭计程车约30欧元，车程约45分钟。

虽然很昂贵，但你也可以安排点对点的超级接驳（Super Shuttle Paris，super-shuttleparis.fr，01 43 65 55 55）。

市内交通

大众运输

巴黎的公车、地铁和郊区铁路（RER）由RATP经营（rapt.fr，32 46）。地铁和火车服务时间为早5:30到凌晨1点（周五、周六到凌晨2点）。

公交车

公交车站牌都贴有公车路线地图。某些班车在晚8:30过后或周日及假日不行驶。深夜班车名叫“Noctilien”，发车地点有夏特勒、蒙帕拿斯、东站（Gare de l'Est）、圣拉札荷车站（Gare St.-Lazare）和里昂车站。水上巴士“Batobus”（batobus.com）在埃菲尔铁塔和植物园之间行驶。

地铁票可以在公交车上使用（单程票须在驾驶员后面的刷票机感应生效）。也可以向驾驶员买票（无须自备零钱）。

地铁

地铁的每一条线都有号码和起迄站的名字，如东西向的一号线就是“拉德芳斯-文森城堡”（La Defense-Chateau de Vincennes）。

单程票每张1.7欧元，但一本公交车票簿（carnet）共十张只要12.5欧元。如果计划到处跑，可考虑购买公交通票（Passe Navigo Decouverte），有效期一个月或一周，可以在限期内无限次搭乘地铁、RER和公车。办理这种票卡需要两寸照片一张。还有另一种卡叫“游客通票（Paris Visite）”，有一日票、两日票、三日票或五日票，限期内可在巴黎无限次搭乘公共交通工具，在某些观光景点还享有购票折扣。“Mobilis”卡则是一日票。

如果使用单程票，离开车站前切勿将票根丢弃，因为你有可能会遇上查票，没有车票可能会被罚款。

RER

郊区铁路网在巴黎市内也有车站，可以使用地铁票搭乘 RER 在市内活动。目的地如果在市外，票价就会比较高。

火车

法国国家铁路 SNCF（voyages-sncf.com，08 92 35 35 35，郊区铁路电话 3658）连接了所有主要城市。可以网络购票或直接到车站买票——电话服务很昂贵。

SNCF 干线在巴黎市内的车站有里昂车站（Gare de Lyon，往返于法国东南部和意大利）、北站（Gare du Nord，往返于布鲁塞尔、伦敦和北部其他地方）、东站（Gare de l'Est，往返于东部）、圣拉札荷车站（Gare St.-Lazare，往返于西北部，包括诺曼底）、奥斯特里兹车站（Gare d'Austerlitz，往返于西班牙和西南部），还有蒙帕拿斯车站（Gare Montparnasse，往返于西部地区，包括布列塔尼）。

若搭乘高铁（TVG），约三个小时就可以到马赛，四个半小时到苏黎世，两个小时到卢森堡，一个半小时就可以到布鲁塞尔。要事先订票。

上任何火车之前，记得用车站的黄色机器打票使之生效。若不这么做，有可能会被罚款。

计程车

计程车可以在街上招揽，也可以在主要路口的计程车招呼站（station de taxi）搭乘。如果车顶上的招牌整个都是亮的，就表示这辆车可以搭；但如果只亮一个小灯泡就不行。某些新的计程车还装了绿灯和红灯代表是否可以载客。若要求接站、有超重行李、搭载第四人或携带宠物（导盲犬除外）则会加收额外费用。

如果电话叫车，那么司机一接到电话就开始打表了，所以车资可能会很贵。记得索取收据，以防你有东西忘在车上或是与司机有什么纠纷。夜间搭车或离开市内费用都会比较高。

若要投诉，请找警察局的计程车服务处（Service de Taxis, Prefecture de Police, 36 Rue des Morillons, 15th arr.，01 55 76 20 05）。

无线电车行

蓝色车队（Taxis Bleus）taxis-bleus.com，08 91 70 10 10

G7 车 队（Taxis G7）taxisg7.fr，01 41 27 66 99

旅游行程

自行车

城市赛格威旅游（City Segway Tours），citysegwaytours.com/paris，01 56 58 10 54

巴黎单车欢乐游（Paris a Velo C'est Sympa），parisvelosympa.com，01 48 87 60 01

船

以下这些公司都有标准的塞纳河行程，约早 10 点开始，晚 10 至 11 点结束。

塞纳河游船（Ba-teaux-Mouches）bateaux-mouches.fr，01 42 25 96 10

埃菲尔铁塔之巴黎游船（Bateaux Parisiens Tour Eiffel），ba-teauxparisiens.com，08 25 01 01 01 或 01 44 11 35 35

新桥快船（Bateaux Vedettes du Pont Neuf），vedettesdu-pontneuf.com，01 46 33 98 38

巴士

巴拉巴士（Balabus），ratp.info, 32 46

城市风景（Cityrama）pariscityrama.com，01 44 55 61 00

巴黎自由行（Paris L'Open Tour）parislo-pentour.com，01 42 66 56 56

巴黎视野（Paris Vision）paris vision.com，01 44 55 60 00

散步

经典之行（Classic Walks），classicwalk-sparis.com，01 56 58 10 54

散步巴黎（Paris Walks），paris-walks.com，01 48 09 21 40

实用建议

电压

法国的电压为 220V，中国大陆游客无须换转插头。变压器和转换插头可以在机场或五金行(droguerie)买到，如 BHV 的地下室（52 Rue de Rivoli, 1st arr.），也可以在出发前先准备好。

当地习惯

进入和离开商店、餐厅或咖啡店时，可以说“bonjour”（你好）和“au revoir”（再见）。法国人通常不像美国人那么热情，但在任何地方，友善的态度通常能获得友善的回应，当地人会很乐意给你帮助。如果受邀到法国人家里吃饭，可以带鲜花，不要带红酒。

现金与货币

美国运通（American Exp-ress），11 Rue Scribe, 2nd arr.，01 44 77 77 07 或 01 47 77 70 00

法国银行（Banque de France），31 Rue Croix-des-Petits-Champs, 1st arr.，01 42 92 42 92

1 欧元等于 100 分，硬币有 1 分、2 分、5 分、10 分、20 分和 50 分。欧元硬币有 1 欧元和 2 欧元，纸币则有 5、10、20、50、100 以及 500 欧元，但商店可能不会接受超过 50 欧元面额的纸币。

取钱最容易的方法是使用取款机，但出发前记得先跟你的银行确认一下。海外取款可能需要手续费。

火车站、机场和市内许多地方都有商业汇兑服务。提供外币兑换服务的银行会有一个招牌写着“Change”。通常需要手续费。

国定假日

1/1、复活节周一、5/1、5/8、耶稣升天节（复活节过后 40 天）、五旬节周一（耶稣升天节过后十天）、7/14、8/15、11/1、11/11、12/25。

营业时间

大部分银行的营业时间是周一到周五早 9 点到下午 5 点。有些中午休息，有些周六早上也营业。大型百货公司从早 9:30 左右营业到晚 7 点，有些每周会有一天营业到晚 10 点。精品店约早 10 点开门，晚 7、8 点打烊；有些可能周一和中午都会休息，通常在下午 1 点至 2:30 之间。越来越多商店周日也营业，但还是事先确认为佳。咖啡馆从一大早开到晚 8 点、10 点或凌晨 2 点。大部分餐厅从中午 12 点开到下午 3 点，再从晚 7:30 开到 11 点。很多商店和餐厅 8 月份休息。

邮政服务

邮政总局（52 Rue du Louvre, 1st arr.，laposte.fr，36 31）24 小时营业，地方分局的营业时间则是周一到周五早 8 点到晚 7 点或 8 点；周六则是早 8 点或 9 点到中午 12 点或下午 1 点。

法国邮政在每一区都有分局。巴黎所有的邮政区号都是 75 开头，以区号结尾。如 75010 是巴黎第 10 区，75002 则是巴黎第 2 区，以此类推。

黄色的邮筒（boites postales）可能会分为省内（depar-temental）、法国其他省份和外国（autres departements/etranger）。

厕所

街上有会自动清洁的免费厕所（现在已可让轮椅进入），10 岁以下的小孩必须由成年人陪同使用。某些地铁站和大型百货公司也有公共厕所。

电话

从中国打电话到法国，请拨 0033（国际电话播出码＋法国国码）然后再拨 9 位数的电话号码（去掉第一个 0）。

要用公用电话拨打当地号码，必须先在邮局或“卖烟的店”（tabac）买一张“电话卡”（télécarte）。电话屏幕上会出现出现这样的指示:“拿起话筒”（décrochez）；“插入电话卡”（inserez votrecarte）；“请等待”（patientez）；“请拨号”（numérotez/composez）以及“请挂断”（raccrochez）。

法国的电话号码有 10 位，巴黎地区的电话号码都是以 01 开头。0800 开头的电话是免费的，但 08 开头的其他号码要付额外费用。查号服务请拨 118 712 或上网：pagesblanches.fr（查个人）或 pagesjaunes.fr（查公司行号）。

时差

如果巴黎是午夜 12 点，那么北京时间就是早上 7 点。但欧洲会在每年 3 月的最后一个星期天转换到夏令时（时钟往前拨一个小时，即跟北京只差 6 小时），直到 10 月的最后一个星期天再调回标准时间。

小费

所有的餐厅账单都已包含 15% 的服务费，若要再额外给服务生一点小费也可以。通常会给计程车司机 10% 的小费，但不是非给不可。可以给脚夫和门房 1 至 2 欧元的小费，接待员和衣帽间服务生则通常给50分。

观光办公室

巴黎旅游局（Office de Touris-me de Paris）

25 Rue des Pyramides, 1st arr.，parisinfo.com，0149 52 42 63，营业时间为每天早9点至晚7点。

飞机场和火车站也有分局。工作人员会回答你的问题、协助预定旅馆。

残障旅客

轮椅可以上新的地铁14号线（又称Meteor线）。艾赫普（Aihrop，08 10 64 64 64）有改装过的车辆往返机场，而打电话叫计程车时请指明要雷诺空间（Renault-Espace）型的计程车。残障人士在机场或火车站乘计程车时不必排队。

坐轮椅的人要搭地铁几乎是不可能的事，出入方便的RER车站也寥寥可数。大学城（Cité Universitaire）、奥贝（Auber）和戴高乐之星（Charles de Gaulle Etoile）有公共电梯。在以下这几站必须请站内人员陪同，因为电梯要用钥匙开启：夏特勒雷阿勒（Châtelet Les Halles）、里昂车站（Gare de Lyon）、拉德芳斯新拱门（Grande Arche de la Defense）、丹费霍许罗（Denfert Rochereau）、圣米歇尔圣母院（St. Michel Notre-Dame）、克里希门（Porte Clichy）、麦佑门（Porte Maillot）、佛克大道（Avenue Foch）、亨利马汀大道（Avenue Henri-Martin）、布朗维耶（Boulainvilliers）、甘乃迪大道（Avenue du President Kenne-dy）、巴黎荣军院（Invalides）。其他车站则无法进入。至于公交车，只有20号线（圣拉札荷车站-里昂车站）可让轮椅上车。高铁（TGV）的火车上有轮椅专用位置，也有残障人士厕所。

大部分旅馆的电梯都太小，轮椅进不去，浴室也可能非常狭小。现代旅馆最有可能接待行动不便人士。人行道在每一个街角都有斜坡。

雷达组织（RADAR）发行了一份为残障旅客准备的英语版指南，名叫“Access in Paris”。巴黎旅游局有交通工具、博物馆和纪念碑可使用性的相关资讯。所有的车站都有小册子说明火车和地铁的可使用性。不论预定何种旅游服务，都要事先说明清楚自己的需要。

残障旅客的护送服务

盲人协助(Auxiliaires des Aveugles)，71 avenue de Breteuil, 5th arr.，01 43 06 94 30，提供免费的盲人护送服务。

紧急状况

中国驻法国大使馆办公地址：

法国巴黎第八区乔治五世大街11号，邮政编码：75008，（11，avenue George V 75008 Paris France）

使馆领事部、武官处、科技处和警务处等部分处室在巴黎第8区华盛顿街20号办公，邮政编码：75008，（20，rue Washington,75008 Paris），其他部门地址请上使馆网站查询。

办公时间：周一至周五：上午09：00～12：00；下午14：30～18：00。

节假日：周六和周日以及中国和法部分节假日及公休日。

网站：amb-chine.fr

fr.chineseem-bassy.org

fr.china-em-bassy.org

电邮：chinaemb_fr@mfa.gov.cn

使馆总机：0033-149521950

紧急电话

所有紧急状况：112

警察局：17

火警或紧急医疗协助：18

救护车：15或01 44 49 23 23

美国医院：63 blvd. de Victor-Hugo, Neuilly, 17th arr.，01 46 41 25 25。有24小时的英法双语急诊与牙医服务。

牙医急诊：01 42 61 12 00，周日和假日早8点到晚10点提供牙医急诊。

24小时药房：香榭丽舍药房（Ph- armacie les Champs-Elysees），84 Ave. des Champs-Elysees, 8th arr.，01 45 62 02 41。

SOS协助：01 46 21 46 46。英语的紧急呼叫热线值班时间为下午3点至晚11点。

失物

失物招领办公室(Bureau des Objets Trouves)，36 Rue des Morillons, 15th arr.，08 21 00 25 25，开放时间：周一到周四早8：30至下午5点；周五早8：30至下午4：30。

RATP失物招领：01 40 30 52 00

旅馆

巴黎有世界最棒的旅馆。这里可以住的地方超过1000个，有各式各样的住宿选择，从奢侈的“皇宫”（豪华饭店）、简单的家庭式旅馆到浪漫的小住宅都有。选择旅馆时，先决定地点，再找符合你的行程与预算的地方。下面这些巴黎旅馆先是依照地点排列，然后是价格，然后是字母顺序。除非特别注明，否则这些旅馆全部都有私人厕所以及淋浴间或浴缸。房价已包含附加税和服务费，但不含每人每晚的旅馆税。

虽然有时可以捡到便宜，但巴黎的旅馆算是世界最贵的：一个普通的房间约200欧元。提前订房可以找到最好的优惠，很多旅馆网站上也有特价消息。也可以打电话过去询问他们的“最优惠价格”。大部分旅馆早餐都要另外收费，通常是“欧陆式”（面包、可颂、果酱、茶或咖啡），但也有些是自助式。不过在一个咖啡馆文化如此出名的城市，你可能会想到外面吃。

在巴黎很难找到路边停车位，大部分旅馆也没有停车场或车库。

巴黎的旅馆在接待残障人士方面始终没怎么改善。“Accessible Room”的意思是轮椅可以进入并且自由移动的房间，而“adapted”则表示卫浴设备已达到可供残障人士使用的标准。然而却没有什么残障人士专用设备，而且进入建筑物之前可能还得先爬几级台阶。残障旅客订房时必须先确认这家旅馆是否能满足自己的需要。

如果你的旅馆位于一条大街上，可以要求他们给你后面的房间，免受噪音干扰。

价格范围

以€符号代表一个双人房在旺季的价格。

€€€€€	超过300 €
€€€€	220 ～ 300 €
€€€	150 ～ 220 €
€€	100 ～ 150 €
€	100 €以下

符号说明

- 客房与商务套房数目
- 地铁站
- 电梯
- 空调
- 禁烟
- 停车场
- 健身房
- 室内游泳池
- 关闭
- 信用卡

岛屿区

位于巴黎中心的西岱岛和圣路易岛有几家迷人的旅馆。

■ 网球场饭店（Du Jeu de Paume）

€€€€€

54 Rue St.-Louis-en-l'Ile, 4th arr.

电话 01 43 26 14 18

传真 01 40 46 02 76

jeudepaumehotel.com

这家饭店是以一座公元17世纪的网球场改建而成的。房间很舒适，但有点小。

30 Pont Marie 各大信用卡

■ 双岛饭店（Les Deux Iles）

€€€

59 Rue St.-Louis-en-l'Ile, 4th arr.

电话 01 43 26 13 35

传真 01 43 29 60 25

deuxiles-paris-hotel.com

位于时髦的圣路易岛上。房间小巧可爱，有些可以看见裸露在外的木头横梁。

17 Pont Marie 美国运通、万事达、VISA卡

■ 吕特西饭店（De Lutece）

€€€

65 Rue St.-Louis-en-l'Ile, 4th arr.

电话 01 43 26 23 52

传真 01 43 29 60 25

paris-hotel-lutece.com

大厅的壁炉里有炉火在燃烧，简朴的房间里有古董家具或古老的瓷砖。

23 Pont Marie 美国运通、万事达、VISA 卡

■ 亨利四世旅馆

€

25 place Dauphine, 1st arr.

电话 01 43 54 44 53

henri4hotel.fr

适合预算不多的人，干净、简单。

15 Pont Neuf或Cité 万事达、VISA卡

拉丁区

这个有名的学生区里全是小旅馆，有很多便宜的餐厅。

■ 美第奇旅馆（Le Clos Medicis）

€€€

56 Rue Monsieur-le-Prince, 6th arr.

电话 01 43 29 10 80

传真 01 43 54 26 90

closmedicis.com

这是一家公元 18 世纪的旅馆，以设计师家具搭配石头墙壁和裸露的横梁。房间小巧舒适。

38 Odeon，RER：Luxem-bourg 各大信用卡

■ 大人物饭店（Des Grands Hommes）

€€€€

17 place du Pantheon, 5th arr.

电话 01 46 34 19 60

传真 01 43 26 67 32

hoteldesgrands hommes.com

这是一家漂亮舒适、帝国风格装饰的旅馆。请他们给你一个阁楼的房间，可以眺望对面的万神殿。某些房间的床附有帐幔。

31 Maubert-Mutualite，RER：Luxembourg 各大信用卡

■ 小巴黎酒店（Le Petit Paris）

€€€

214 RUE ST. JACQUES, 5TH ARR.

电话：01 53 10 29 29

传真：01 43 54 00 16

hotelpetitparis.com

由具有历史特色的 16 世纪旅店改造而成的精品酒店，位置便捷，毗邻先贤祠（Panthéon）和卢森堡公园。

PER 线，Luxembourg

接受所有主流银行卡

■ 圣塞弗杭公园饭店（Parc St.-Severin）

€€€

22 Rue de la Parchemi-nerie, 5th arr.

电话 01 43 54 32 17

传真01 43 54 70 71

paris-hotelparc-parc saintse-verin.com

这是一家吸引人的旅馆，有现代和古典风格的家具，位于一条安静的街上。房间宽敞明亮，有的还有很棒的屋顶露台。

27 St.Michel、Cluny la Sorbonne 各大信用卡

■ 5 酒店（The Five Hotel）

€€€

3 RUE FLATTERS, 5TH ARR.

电话：01 43 31 74 21

thefivehotel.com

位于拉丁区的超现代化酒店，配备主题客房。若想享受浪漫之旅，请预定全红主题恋爱胶囊客房。

接受所有主流银行卡

圣日耳曼与蒙帕拿斯

时髦的圣日耳曼德佩区有很多迷人的旅馆，价格还算合理，此外还有很多有趣的小餐厅。活泼的蒙帕拿斯也有很多不错的地方。

■ 圣日耳曼埃斯普利特酒店（Esprit Saint Germain）

€€€€€

22 RUE ST.-SULPICE, 6TH ARR.

电话：01 53 10 55 55

传真：01 53 10 55 56

hotel-esprit-saint-germain.com

靠近圣叙尔比斯教堂的温馨一流精品酒店，奢华精装客房，优质服务。

St.-Sulpice

接受所有主流银行卡

■ 赫雷饭店克莉丝汀圣日耳曼（Relais Chris-tine St.-Germain）

€€€€€

3 Rue Christine, 6th arr.

电话 01 40 51 60 80

传真 01 40 51 60 81

relais-christine.com

这里原本是一家修道院，如今充满了左岸的低调奢华，早餐地点在有拱顶的公元 13 世纪厨房内。有花园和天井。

51 Odeon、St.-Michel

各大信用卡

■ 圣日耳曼修道院饭店（De l'Abbaye St.-Germain）

€€€€

10 Rue Cassette, 6th arr.

电话 01 45 44 38 11

传真 01 45 48 07 86

hotelabbayeparis.com

迷人的 18 世纪建筑，有一座中庭花园，位于一条安静的街上，有 4 间有露台的双层套房。有些房间很小。

44 St.-Sulpice 美国运通、万事达、VISA卡

■ 英国圣日耳曼旅馆（D'Anglerre St.-Germain）

€€€€

44 Rue Jacob, 6th arr.

电话 01 42 60 34 72

传真 01 42 60 16 93

hotel-dangleterre.com

独具历史韵味（华盛顿·欧文和欧内斯特·海明威曾入住这间酒店），个性化装饰客房魅力十足。

26 St-Germain-des-Pres

各大信用卡

■ 左岸圣日耳曼酒店（Left Bank St.-Germain-Best Western）

€€€ ~ €€€€

9 Rue de l'Ancienne Comedie, 6th arr.

电话 01 43 54 01 70

传真 01 43 26 17 14

hotelleftbank.com

这间小酒店拥有陈设着古

旅馆

董的大堂、木质房梁和大理石卫生间。部分客房可通往户外花园。
31 Odeon 各大信用卡

■ **欧戴恩圣日耳曼饭店（Del'Odeon St.-Germain）**
€€€ ~ €€€€
13 Rue St.-Sulpice, 6th arr.
电话 01 43 25 70 11
传真 01 43 29 97 34
paris-hotel-odeon.com
这里本是一栋公元16世纪的领主宅邸，古董和挂毯创造出浪漫氛围。
27 Odeon 各大信用卡

■ **圣日耳曼圣皮尔酒店（Des Sts.-Pères St.-Germain）**
€€€
65 RUE DES STS.-PÈRES, 6TH ARR.
电话：01 45 44 50 00
传真：01 45 44 90 83
paris-hotel-saints-peres.com
时尚人群的最爱，绝大多数古董家装客房可以观赏花园美景。豪华酒吧深受作家喜爱。
St.-Germain-des-Pres

■ **欧戴恩饭店圣日耳曼（Odeon-Hotel St.-Germain）**
€€€
3 Rue de l'Odeon, 6th arr.
电话 01 43 25 90 67
传真 01 43 25 55 98
odeon-paris-hotel.com
位于中心区一个安静的地点，在圣日耳曼大道和广受欢迎的卢森堡公园之间，每个房间的装饰都不同。
33 Odeon 各大信用卡

■ **铂尔曼饭店巴黎蒙帕拿斯（Pullman Paris Montparnasse）**
€€€
19 Rue Commandant Rene Mouchotte, 14th arr.
电话 01 44 36 44 36
传真 01 44 36 49 00
pullmanhotels.com
现代化的大厦饭店，备有商务设施，高楼层的视野很好。有两家餐厅。
953 Montparnasse-Bienvenue 各大信用卡

■ **瑞卡梅酒店（Recamier）**
€€€
3 BIS PLACE ST.-SULPICE,6TH ARR.
电话：01 43 26 04 89
传真：01 43 26 35 76
hotelrecamier.com
这间小型精品酒店拥有独具品味的客房，面向圣叙尔比斯广场。
St.-Sulpice
接受所有主流银行卡

■ **内勒酒店（De Nesle）**
€€
第六区内勒街7号（7 RUE DE NESLE, 6TH ARR.）
电话：01 43 54 62 41
传真：01 43 54 31 88
hoteldenesleparis.com
酒店淳朴，性价比高，靠近奥德昂广场（place de L'Odéon），二楼花园值得一去。
奥德昂站
接受所有主流银行卡

■ **伊斯特里亚圣日耳曼旅馆（Istria St.-Germain）**
€€
29 Rue Campagne-Premiere, 14th arr.
电话 01 43 20 91 82
传真 01 43 22 48 45
hotel-istria-paris.com
酒店悉心打理，位于安静街道。法国艺术家马塞尔·杜尚和美国摄影师曼雷都曾是这里的住客。
26 Raspail 各大信用卡

■ **左岸圣日耳曼（Rive-Gauche St.-Germain）**
€€
25 Rue des Sts.-Peres, 6th arr.
电话 01 42 60 34 68
传真 01 42 61 29 78
hotel-rive-gauche.net
虽然位于高价地段，但这里的房间干净舒适，价格便宜。
21 St.-Germain-des-Pres
各大信用卡

夏特勒与雷阿勒

巴黎的中心区吵闹拥挤，但下列旅馆都位于相对安静的街道上。

■ **瑞莱斯德霍尔酒店（Le Relais des Halles）**
€€€
26 RUE PIERRE LE-SCOT1ST. ARR.
电话：01 44 82 64 00
hotel-relais-des-halles.com
位置优越，毗邻庞毕度和卢浮宫。酒店房间为经典法式家具内饰，客房隔音。
Étienne Marcel
接受所有主流银行卡

■ **圣梅里饭店（St.-Merry）**
€€€
78 Rue de la Verrerie, 4th arr.
电话 01 42 78 14 15
传真 01 40 29 06 82
hotelsaintmerry-paris.com
这里原本是圣梅里教堂的神父宿舍，其飞扶壁构成了9号房间装饰的一部分。高价位的房间有真正的哥特式木雕家具，较便宜的房间可能没有私人卫浴，但有淋浴间。装潢漂亮，壁纸、床罩和窗帘都是成套的。
12 Hotel de Ville 美国运通、万事达、VISA卡

玛黑区与巴士底

玛黑区的旅馆不多，但还是有几个不错的选择，也有好餐厅。因为歌剧院的缘故，巴士底区正逐渐高档化，可能不是理想的住宿地点。

■ 皇后阁饭店（Pavillon de la Reine）

€€€€€

28 place des Vosges, 3rd arr.

电话 01 40 29 19 19

传真 01 40 29 19 20

pavillon-de-la-reine.com

房间使用古董家具，有些还有四柱床，是一家非常浪漫的旅馆。花园很宁静。

54 St. Paul 各大信用卡

■ 皇冠假日酒店共和店（Crowne Plaza Hotel Republique）

€€€€

10 place de la Republique, 11th arr.

电话 01 43 14 43 50

传真 01 47 00 32 34

ichotelsgroup.com

位于一栋公元 19 世纪建筑里的国际型酒店。有花园和酒吧。

328 Republique 各大信用卡

■ 卡隆波马谢饭店（Caron de Beaumar-chais）

€€€

12 Rue Vieille-du-Temple, 4th arr.

电话 01 42 72 34 12

传真 01 42 72 34 63

carondebeaumar-chais.com

这家漂亮的旅馆重现了公元 18 世纪的风情。

19 圣保罗、市政府 美国运通、万事达、VISA卡

■ 塞维尼酒店（Émile）

2 RUE MALHER, 4TH ARR.

电话：01 42 72 76 17

hotelemile.com

玛莱区中心地带全新翻修的酒店，窗外即是历史悠久的圣保罗大教堂。

St.-Paul

接受所有主流银行卡

■ 布勒托里内酒店（De la Bretonnerie）

€€

22 RUE STE.-CROIX DE LABRETONNERIE, 4TH. ARR.

电话：01 48 87 77 63

hotelparismaraisbretonnerie.com

位于 17 世纪豪宅之中的布列塔尼式酒店，以露梁平顶和四柱床为特色。

Hôtel de Ville

接受所有主流银行卡

■ 尼斯旅馆（De Nice）

€€

42 Bis, Rue de Rivoli, 4th arr.

电话 01 42 78 55 29

传真 01 42 78 36 07

hoteldenice.com

古董家具，位于市中心区，价格合理。

23 Hotel de Ville 万事达、VISA卡

■ 圣女贞德大旅社（Grand Hotel Jeanne d'Arc）

€

3 Rue de Jarente, 4th arr.

电话 01 48 87 62 11

传真 01 48 87 37 31

hoteljeannedarc.com

一家不错的小旅馆，由于位置好、价格便宜，经常客满。房间简单舒适，装饰各不相同，备有现代设施。

35 St.Pauln 万事达、VISA卡

■ 勒瓦黑大旅社（Grand Hotel du Loiret）

€

4 Rue des Mauvais-Garcons, 4th arr.

电话 01 48 87 77 00

传真 01 48 04 96 56

hotel-du-loiret.fr

干净、便宜、简单，位于听起来很挑衅的“坏男孩街”上。房间安静，设备齐全。

28 Hotel de Ville 美国运通、万事达、VISA卡

卢浮宫与皇家宫殿

这一区有很多皇宫，也有几家豪华大饭店。不仅靠近许多巴黎最著名的博物馆、皇宫和纪念碑，而且离一些很棒的餐厅很近。

■ 卢浮宫饭店（Du Lou-vre）

€€€€€

1 place Andre Malraux, 1st arr.

电话 01 44 58 38 38

传真 01 44 58 38 01

hoteldulouvre.com

皮萨罗曾在这家豪华饭店的房间里画过窗外的景致。从 551 号房的浴室可以看见歌剧院。

177 Palais-Royal Musee du Louvre 各大信用卡

■ 莫里斯饭店（Meurice）

€€€€€

228 Rue de Rivoli, 1st arr.

电话 01 44 58 10 10

传真 01 44 58 10 15

lemeurice.com

这家奢华的饭店曾是达利在巴黎的最爱。

160 Concorde或Tuileries 各大信用卡

■ 巴黎威斯汀酒店（The Westin Paris）

€€€€€

3 Rue Castiglione, 1st arr.

电话 01 44 77 11 11

传真 01 44 77 14 60

thewestinparis.com

这家百年风华的饭店已经重新整修过，有两家餐厅和 SPA。

旅馆

450 Concorde、Tuileries 各大信用卡

■ 巴黎歌芬德素酒店（Konfidentiel Paris）

€€€€

64 RUE DE L'ARBRE SEC, 1ST ARR.

电话：01 55 34 40 40

konfidentiel-paris.com

靠近卢浮宫的趣味酒店，有命名为绝代艳后玛丽安托万和法兰西王的主题客房。

Louvre-Rivoli或Pont Neuf

接受所有主流银行卡

■ 泰雷斯酒店（Thérèse）

5–7 RUE DE THÉRÈS`E, 1ST ARR.

电话：01 42 96 10 01

传真：01 42 96 15 22

hoteltherese.com

设计师精品酒店，毗邻巴黎皇家宫殿和圣奥诺雷路（rueSaint-Honoré）。

Palais-Royal

接受所有主流银行卡

■ 卢浮广场饭店（De la Place du Louvre）

€€ ~ €€€

21 Rue des Pretres-St.-Germain-l'Auxerrois, 1st arr.

电话 01 42 33 78 68

传真 01 42 33 09 95

paris-hotel-place-du-louvre.com

就在卢浮宫对面。吃早餐的地方在一个原本可以通往卢浮宫的洞穴内。

20 Louvre-Rivoli、Pont Neuf 各大信用卡

香榭丽舍大道

巴黎的顶级旅馆大部分都位于香榭丽舍大道一带。

■ 巴尔札克大饭店（Balzac）

€€€€€

6 Rue Balzac, 8th arr.

电话 01 44 35 18 00

传真 01 44 35 18 05

hotelbalzac.com

奢华高雅的时代建筑，房间非常大。大厨师皮耶·加尼耶就在这里的厨房工作。

79 George V 各大信用卡

■ 卡斯提大饭店（Castille）

€€€€€

33-37 Rue Cambon, 1st arr.

电话 01 44 58 44 58

传真 01 44 58 44 00

castille.com

文顿广场附近一家威尼斯风格的豪华酒店，原本是丽兹酒店（Ritz）的附属建筑。有意大利餐厅和露台。

108 Concorde、Madeleine 各大信用卡

■ 克里恩大饭店（Crillon）

€€€€€

8 place de la Concorde, 8th arr.

电话 01 44 71 15 00

传真 01 44 71 15 02

crillon.com

雄伟的皇宫饭店之一，俯瞰协和广场，远眺埃菲尔铁塔。有两家餐厅：饕客级的“大使餐厅”（Les Ambassadeurs）和较便宜的“方尖碑餐厅”（L'Obelisque）。有冬季花园、茶室和英式酒吧。

148 Concorde 各大信用卡

■ 乔治五世四季大饭店（Four Seasons Hotel George V）

€€€€€

31 avenue George V, 8th arr.

电话 01 49 52 70 00

传真 01 49 52 70 10

fourseasons.com/paris

这家声誉卓著的皇宫饭店有精美的古董和挂毯，整修后于 1999 年重新开张。有中庭花园和附属餐厅。

245 Alma-Marceau、George V 各大信用卡

■ 巴黎文华东方酒店（Mandarin Oriental Paris）

€€€€€

251 RUE ST.-HONORÉ, 1ST ARR.

电话：01 70 98 78 88

mandarinoriental.com/paris/hotel

这家亚洲连锁酒店为客人提供五星级住宿和服务，世界闻名，毗邻旺多姆广场（place Vendôme）。名厨蒂埃里·马克思（Thierry Marx）在酒店的 Sur Mesure 正餐餐厅和更为休闲的 Camélia 餐厅为客人烹制精品美食。这里的水疗中心设有大型室内泳池，在巴黎首屈一指。

Concorde

接受所有主流银行卡

■ 马里侬香榭丽舍大饭店（Marignan Champs-Elysees）

€€€€€

12 Rue Marignan, 8th arr.

电话 01 40 76 34 56

传真 01 40 76 34 34

hotelmarignan.fr

使用古董家具，沙龙里有一幅波维的挂毯。房间舒适，装饰简单。有茶室。

73 Franklin D. Roosevelt 各大信用卡

■ 巴黎半岛酒店（The Peninsula Paris）

€€€€€

19 AVE. KLÉBER, 16TH ARR.

电话：01 58 12 28 88

paris.peninsula.com

酒店位于凯旋门和香榭丽舍大街不远处，1973 年，基辛格正是在这座富丽堂皇的皇宫酒店签订了停止越南战争的巴黎和平协约。顶层餐厅 L'Oiseau Blanc 坐拥埃

菲尔铁塔和巴黎市区的绝赞美景。

Kleber 接受所有主流银行卡

■ 文艺复兴巴黎特罗卡德洛公园饭店（Renaissance Paris le Parc Trocadero）

€€€€€

55 avenue Raymond-Poincare, 16th arr.

电话 01 44 05 66 66

传真 01 44 05 66 00

marriot.fr

装潢高雅的豪华饭店共有五栋建筑和花园，由亚兰·杜卡斯担任名义上的大厨。备有商务设施。

1122 Trocadero 各大信用卡

■ 巴黎香格里拉酒店（Shangri-La Hotel Paris）

€€€€€

10 AVE. D'IÉNA, 16TH ARR.

电话：01 53 67 19 98

传真：01 53 67 19 19

shangri-la.com/paris/shangrila

酒店旧址为拿破仑侄外孙罗兰王子的宅邸，是法国与亚洲文化碰撞之下的极致奢华代表。米其林星级香宫餐厅为客人带来粤菜的饕餮盛宴。

Iéna 接受所有主流银行卡

■ 维尔内饭店（Vernet）

€€€€€

25 Rue Vernet, 8th arr.

电话 01 44 31 98 00

传真 01 44 31 85 69

hotelvernet.com

极度舒适奢华，饭店中的珍品。大厅里有一座壁炉和一架钢琴，所有的浴室都有按摩浴缸，卧室里有液晶电视。美丽时代风格的饕客餐厅的屋顶是由埃菲尔设计的。可以使用皇家蒙梭饭店（Royal Monceau）的豪华SPA和游泳池。

51 George V 美国运通、万事达、VISA卡

■ 巴尔的摩巴黎饭店（Baltimore Paris）

€€€€

88 Bis, avenue Kleber, 16th arr.

电话 01 44 34 54 54

传真 01 44 34 54 44

accorhotels.com

木头镶板、挂毯和古色古香的豪华家具创造出家的感觉。贝尔提餐厅（Bertie's）供应高级英式料理。

103 Boissiere 各大信用卡

■ 坎邦饭店（Cambon）

€€€€

3 Rue Cambon, 1st arr.

电话 01 44 58 93 93

传真 01 42 60 30 59

hotelcambon.com

时尚现代的舒适体验，靠近协和广场。每个房间都是单独装修。

40 Concorde 各大信用卡

■ 文书阁饭店（Le Pavillon des Lettres）

€€€€

12 Rue des Saussaies, 8th arr.

电话 01 49 24 26 26

传真 01 49 24 26 27

pavillondeslettres.com

一家全新的"文学"饭店，由皇后阁饭店集团经营，每个房间都以一位作家或诗人为主题。

26 Miromesnil 各大信用卡

■ 阿斯托圣欧诺黑饭店（Astor St.-Honore）

€€€ ~ €€€€

11 Rue d'Astorg, 8th arr.

电话 01 53 05 05 05

传真 01 53 05 05 30

astorsainthonore.com

高雅的摄政复兴风格装潢，位于一条安静的街上。有的房间有阳台或露台。

128 Champs-Elysees Clemenceau 各大信用卡

■ 贝斯特西方第一酒店佩格雷斯（Best Western Premier Hotel Pergolese）

€€€

3 Rue Pergolese, 16th arr.

电话 01 53 64 04 04

传真 01 53 64 04 40

parishotelpergo-lese.com

设计师精装和大理石卫生间的温馨现代客房，酒店拥有专属酒吧。

40 Argentine 各大信用卡

■ 伽利略饭店（Galileo）

€€€

54 Rue Galilee, 8th arr.

电话 01 47 20 66 06

传真 01 47 20 67 17

galileo-paris-hotel.com

精致酒店，客房舒适。

27 George V 美国运通、万事达、VISA卡

埃菲尔铁塔与巴黎荣军院

一个宁静的高级住宅区，有一些漂亮的旅馆和美味的餐厅。

■ 圣西蒙公爵饭店（Duc de St.-Simon）

€€€€€

14 Rue St.-Simon, 7th arr.

电话 01 44 39 20 20

传真 01 45 48 68 25

hotelducdesaintsi-mon.com

左岸上一家奢华的饭店，有精致的古董家具。中庭花园和早餐餐厅都很美。

34 Rue du Bac 各大信用卡

旅馆

旅馆

■ 贝勒莎斯旅馆（Le Bellechasse）
€€€€
8 Rue Bellechasse, 7th arr.
电话 01 45 50 22 31
传真 01 45 51 52 36
lebellechasse.com
距离奥赛美术馆只有一小段路，新颖的设计师装潢，房间有隔音。
34 Solferino 各大信用卡

■ 蒙塔兰贝饭店（Montalembert）
€€€€
3 Rue Montalembert, 7th arr.
电话 01 45 49 68 68
传真 01 45 49 69 49
hotel-montalem-bert.fr
时髦的饭店，设计师装潢的大厅，有当代风格和传统风格的漂亮房间。有商务设施和蒙塔兰贝餐厅（Le Montalembert）。
56 Rue du Bac 各大信用卡

■ 研究院饭店（De l'Academie）
€€€€
32 Rue des Sts.-Peres, 7th arr.
电话 01 45 49 80 00
传真 01 45 44 75 24
academiehotel.com
公元 17 世纪的建筑，带有曾经风行一时的特色，如房间里有裸露的横梁。
33 St.-Germain-des-Pres 各大信用卡

■ 贝梭利饭店（Bersoly's）
€€€
28 Rue de Lille, 7th arr.
电话 01 42 60 73 79
传真 01 49 27 05 55
bersolys-paris-hotel.com
安静的旅馆，房间小而精致。
16 Rue du Bac 8月歇业 美国运通、万事达、VISA卡

■ 大学旅馆（De l'Universite）
€€€
22 Rue de l'Universite, 7th arr.
电话 01 42 61 09 39
传真 01 42 60 40 84
hoteluniversite.com
非常讲究细节的古典装潢。
27 St.-Germain-des-Pres 各大信用卡

■ 勒维克大饭店（Grand Hotel Leveque）
€
29 Rue Cler, 7th arr.
电话 01 47 05 49 15
传真 01 45 50 49 36
hotel-leveque.com
地点很棒，房间状况良好，价格实惠。
50 Ecole Militaire 各大信用卡

蒙马特

蒙马特区颇有波西米亚风格。若不介意住在山上，倒是有几家不错的旅馆。

■ 蒙马特私人旅馆（Particulier Montmartre）
€€€€€
23 Ave. Junot, 18th arr.
电话 01 53 41 81 40
传真 01 42 58 00 87
hotel-particulier-montmartre.com
这家僻静的旅馆位于一条铺着鹅卵石的巷子里，是一栋历史悠久的蒙马特别墅，共有 5 个宽敞的房间，独立设计的当代风格。花园在围墙内，有一座喷泉和绿荫遮蔽的角落。
5 Lamarck、Blanche 各大信用卡

■ 泰哈斯旅馆（Terrass）
€€€€€
12-14 Rue Joseph-de-Maistre, 18th arr.
电话 01 46 06 72 85
传真 01 44 92 34 30
terrass-hotel.com
宽敞的 19 世纪建筑，艺术装饰室内设计。Le Diasporan 餐厅供应传统法式美食。
98 Blanche、Place de Clichy 各大信用卡

■ 美妙停留酒店（Beauséjour Montmartre）
€€€
6 RUE LÉCLUSE, 17TH ARR.
电话：01 42 93 35 77
b-montmartre.com
酒店位于小街道，距离蒙马特区 5 分钟路程。酒店客房舒适，内饰别致，拥有种植着棕榈树的异国风情花园。
Place de Clichy 接受所有主流银行卡

■ 约瑟芬酒店（Joséphine）
€€
67 RUE BLANCHE, 9TH ARR.
电话：01 55 31 90 75
hotel-josephine.com
酒店客房色彩缤纷，以二十世纪 20 年代夜总会舞女的黑白照片为装饰特色。
Blanche 接受所有主流银行卡

■ 瑞金蒙马特旅馆（Regyn's Montmartre）
€€
18 place des Abbesses, 18th arr.
电话 01 42 54 45 21
传真 01 42 23 76 69
booking.com/hotel/fr
客房现代化且十分安静。顶层客房可欣赏到巴黎全景。
22 Abbesses 各大信用卡

图片出处

Authors
Pas Paschali & Brian Robinson

Additional text by Aaron Arizpe, Barbra Austin, Doni Belau, Kay Fernandez, Reg Grant, Miren Lopategui, Antony Mason, Joe Yogerst

Picture Credits
t = top; b = bottom, l = left; r = right, m = middle
2-3 René Mattes/Hemis/www.photolibrary.com. **4** Tony Halliday. **5tr** Mikhail Zahranichny/Shutterstock. **5bl** Tony Halliday. **6** Radius Images/www.photolibrary.com. **9** Stephan Gabriel/Imagebroker.net/ www.photolibrary.com. **12-13** Günter Gräfenhain/4Corners Images. **14** Tony Halliday. **15tm** Mark & Audrey Gibson/www.photolibrary.com. **15mr** Sipa Press/Rex Features. **16** Tony Halliday. **18** Tony Halliday. **19t** Tony Halliday. **19b** Tibor Bognár/Age fotostock/ www.photolibrary.com. **20** David A. Barnes/Alamy. **21tl** Will Salter/Lonely Planet Images. **21tr** Tony Halliday. **21br** Tony Halliday. **22** Chris Lawrence/Alamy. **24t** Tony Halliday. **24b** Jonathan Smith/Lonely Planet Images. **25tl** Krzysztof Dydynski/Lonely Planet Images. **25mr** David Jones/Alamy. **25bm** Christopher Elwell/Dreamstime.com. **26** Stephanie Paschal/Rex Features. **28** Katseyephoto/Dreamstime.com. **29t** Sylvia Sabes. **29mr** Sara Calian. **31** Chet Ehlers/Age fotostock/www.photolibrary.com. **32mr** Tony Halliday. **32bl** JurgaR/iStockphoto.com. **33tr** Christophe Lehenaff/Photononstop/www.photolibrary.com. **33br** Musée de la Poupée. **35** Eitan Simanor/Robert Harding Travel/www.photolibrary.com **36-37** Christophe Lehenaff/Photononstop/www.photolibrary.com. **40** Mikhail Zahranichny/Shutterstock. **42ml** Tony Halliday. **42bm** Bertrand Rieger/Hemis/Alamy. **43tl** Tony Halliday. **43tr** Ekaterina Pokrovsky/Shutterstock. **44** John Sones/Lonely Planet Images. **47-50** Tony Halliday. **51** Tony Halliday. **53** Bertrand Rieger/Hemis/Alamy. **54** Tony Halliday. **56** Tony Halliday. **57mr** Xavier Richer/Photononstop/www.photolibrary.com. **58** Tony Halliday. **61** Sylvain Sonnet/Hemis/Alamy. **62** Tony Halliday. **64** Tony Halliday. **66** Jaques Pavlovsky/Sygma/Corbis. **67** Tony Halliday. **69** L'Arpège. **70** Daniel Thierry/Photononstop/www.photolibrary.com. **72** Tony Halliday. **73tr** Maria Savoia/Shutterstock. **73br, 73bl** Tony Halliday. **75** Tony Halliday. **77** Tony Halliday. **78** freephoton/Dreamstime.com. **79** Sylvain Sonnet/Hemis/www.photolibrary.com. **81** Olivier Cirendini/Lonely Planet Images. **82** Crobard/Shutterstock. **84** Tony Halliday. **85** Tony Halliday. **87** Tony Halliday. **89** Francisco Caravana/Shutterstock. **90** Gilles Mingasson. **92** Owen Franken/Corbis **93** Roetting/Pollex/LOOK-foto/www.photolibrary.com. **95** Directphoto/Age fotostock/ www.photolibrary.com. **97** Franck Guiziou/Hemis/www.photolibrary.com. **98** Tony Halliday. **99l** Hemis/www.photolibrary.com. **99r** Tony Halliday. **100-105** Tony Halliday. **106** Musée Picasso, Paris, France/Giraudon/The Bridgeman Art Library @ Succession Picasso/DACS, London 2011. **108** Bettmann/Corbis. **109** Gianni Dagli Orti/Corbis. **111-115** Tony Halliday. **117** Sabine Lubenow/Alamy. **118** Tony Halliday. **121** Gilles Mingasson. **122** Izzet Keriber/Lonely Planet Images. **124, 125** Tony Halliday. **126** parkisland/Shutterstock **127** Arsgera/Shutterstock. **129** Eddie Linssen/Alamy. **130** GTW/Imagebroker.net/www.photolibrary.com. **132t** Sylvain Sonnet/Hemis/Alamy. **132b, 133tl** Tony Halliday. **133mr** Musée Jacquemart-André. **134** Tony Halliday. **137** Musée Jacquemart-André. **138** F.C.G./Shutterstock. **140** EschCollection/Alamy. **141** Pascal Le Segretain/Getty Images. **143** Gilles Mingasson **144** Gilles Mingasson. **146tl** Tony Halliday. **146bm** Patrick Kovarik/AFP/Getty Image. **147tr** David Bank/JAI/Corbis. **147 br, 148-153** Tony Halliday. **154** Giles Mingasson. **156** Culver Pictures/The Art Archive. **157** Musée d'Orsay Paris/Gianni degli Orti/The Art Archive. **159** Catherine Karnow/Corbis. **160** Chad Ehlers/www.photolibrary.com. **162** Tony Halliday. **163t** Cincinnati Art Museum, Ohio, USA/Gift of Albert P. Strietmann/The Bridgeman Art Library. **163b** S1001/Shutterstock **164, 167** Tony Halliday. **168** F.C.G./Shutterstock. **170** Historical Picture Archive/Corbis. **171** Tony Halliday. **173** Gilles Mingasson. **174–175** Christoph Buckstegen/www.photolibrary.com.

Front cover Eiffel Tower and Seine: Rojaphoto/Dreamstime.com; Métro sign Cristobal Infante/iStockphoto.com
Back cover Louvre: Lazar Mihai-Bogdan/Shutterstock.

美国国家地理学会是世界上最大的非营利科学与教育组织之一。学会成立于 1888 年，以“增进与普及地理知识”为宗旨，致力于启发人们对地球的关心。美国国家地理学会通过杂志、电视节目、影片、音乐、电台、图书、DVD、地图、展览、活动、学校出版计划、交互式媒体与商品来呈现世界。美国国家地理学会的会刊《国家地理》杂志，以英文及其他 33 种语言发行，每月有 3800 万读者阅读。美国国家地理频道在 166 个国家以 34 种语言播放，有 3.2 亿个家庭收看。美国国家地理学会资助超过 10000 项科学研究、环境保护与探索计划，并支持一项扫除“地理文盲”的教育计划。

图书在版编目（CIP）数据

漫步巴黎 /（美）巴斯·巴夏里，（美）布莱恩·罗宾森著；魏靖仪译 .—2 版 .
—武汉：华中科技大学出版社，2016.11
（美国国家地理城市徒步旅游指南）

ISBN 978-7-5680-1474-8

Ⅰ.①漫… Ⅱ.①巴… ②布… ③魏… Ⅲ.①旅游指南-巴黎
Ⅳ.①K956.59

中国版本图书馆 CIP 数据核字（2015）第 305428 号

湖北省版权局著作权合同登记 图字：17-2015-304号

漫步巴黎
Manbu Bali

[美] 巴斯·巴夏里 著
[美] 布莱恩·罗宾森
魏靖仪 译

策划编辑：白　雪
责任编辑：王京图
装帧设计：傅瑞学
责任校对：九万里文字工作室
责任监印：周治超
出版发行：华中科技大学出版社（中国·武汉）　电话：（027）81321913
武汉市东湖新技术开发区华工科技园　邮编：430223
录　　排：北京楠竹文化发展有限公司
印　　刷：小森印刷（北京）有限公司
开　　本：787mm×1092mm　1/32
印　　张：6
字　　数：208 千字
版　　次：2016 年 11 月第 1 版第 1 次印刷
定　　价：39.80 元

华中出版

本书若有印装质量问题，请向出版社营销中心调换
全国免费服务热线：400-6679-118，竭诚为您服务
版权所有　侵权必究